Learn Dutch with the Moroccan-Dutch Detective Agency

HypLern Interlinear Project
www.hyplern.com

First edition: 2025, August

Author: Laura van den End, Kees van den End
Translation: Kees van den End
Foreword: Camilo Andrés Bonilla Carvajal PhD

ISBN: 978-1-989643-68-6

kees@hyplern.com
www.hyplern.com

Learn Dutch with the Moroccan-Dutch Detective Agency

Interlinear Dutch to English

Author
Laura van den End, Kees van den End

Translation
Kees van den End

HypLern Interlinear Project
www.hyplern.com

The HypLern Method

Learning a foreign language should not mean leafing through page after page in a bilingual dictionary until one's fingertips begin to hurt. Quite the contrary, through everyday language use, friendly reading, and direct exposure to the language we can get well on our way towards mastery of the vocabulary and grammar needed to read native texts. In this manner, learners can be successful in the foreign language without too much study of grammar paradigms or rules. Indeed, Seneca expresses in his sixth epistle that "Longum iter est per praecepta, breve et efficax per exempla[1]."

The HypLern series constitutes an effort to provide a highly effective tool for experiential foreign language learning. Those who are genuinely interested in utilizing original literary works to learn a foreign language do not have to use conventional graded texts or adapted versions for novice readers. The former only distort the actual essence of literary works, while the latter are highly reduced in vocabulary and relevant content. This collection aims to bring the lively experience of reading stories as directly told by their very authors to foreign language learners.

Most excited adult language learners will at some point seek their teachers' guidance on the process of learning to read in the foreign language rather than seeking out external opinions. However, both teachers and learners lack a general reading technique or strategy. Oftentimes, students undertake the reading task equipped with nothing more than a bilingual dictionary, a grammar book, and lots of courage. These efforts often end in frustration as the student builds mis-constructed nonsensical sentences after many hours spent on an aimless translation drill.

Consequently, we have decided to develop this series of interlinear translations intended to afford a comprehensive edition of unabridged texts. These texts are presented as they were originally written with no changes in word choice or order. As a result, we have a translated piece conveying the true meaning under every word from the original work. Our readers receive then two books in just one volume: the original version and its translation.

The reading task is no longer a laborious exercise of patiently decoding unclear and seemingly complex paragraphs. What's more, reading becomes an enjoyable and meaningful process of cultural, philosophical and linguistic learning. Independent learners can then acquire expressions and vocabulary while understanding pragmatic and socio-cultural dimensions of the target language by reading in it rather than reading about it.

Our proposal, however, does not claim to be a novelty. Interlinear translation is as old as the Spanish tongue, e.g. "glosses of [Saint] Emilianus", interlinear bibles in Old German, and of course James Hamilton's work in the 1800s. About the latter, we remind the readers, that as a revolutionary freethinker he promoted the publication of Greco-Roman classic works and further pieces in diverse languages. His effort, such as ours, sought to lighten the exhausting task of looking words up in large glossaries as an educational practice: "if there is any thing which fills reflecting men with melancholy and regret, it is the waste of mortal time, parental money, and puerile happiness, in the present method of pursuing Latin and Greek[2]".

Additionally, another influential figure in the same line of thought as Hamilton was John Locke. Locke was also the philosopher and translator of the Fabulae AEsopi in an interlinear plan. In 1600, he was already suggesting that interlinear texts, everyday communication, and use of the target language could be the most appropriate ways to achieve language learning:

> ...the true and genuine Way, and that which I would propose, not only as the easiest and best, wherein a Child might, without pains or Chiding, get a Language which others are wont to be whipt for at School six or seven Years together...[3]

---

1 "The journey is long through precepts, but brief and effective through examples". Seneca, Lucius Annaeus. (1961) Ad Lucilium Epistulae Morales, vol. I. London: W. Heinemann.

2 In: Hamilton, James (1829?) History, principles, practice and results of the Hamiltonian system, with answers to the Edinburgh and Westminster reviews; A lecture delivered at Liverpool; and instructions for the use of the books published on the system. Londres: W. Aylott and Co., 8, Pater Noster Row. p. 29.

3 In: Locke, John. (1693) Some thoughts concerning education. Londres: A. and J. Churchill. pp. 196-7.

Who can benefit from this edition?

We identify three kinds of readers, namely, those who take this work as a search tool, those who want to learn a language by reading authentic materials, and those attempting to read writers in their original language. The HypLern collection constitutes a very effective instrument for all of them.

1. For the first target audience, this edition represents a search tool to connect their mother tongue with that of the writer's. Therefore, they have the opportunity to read over an original literary work in an enriching and certain manner.
2. For the second group, reading every word or idiomatic expression in its actual context of use will yield a strong association between the form, the collocation, and the context. This will have a direct impact on long term learning of passive vocabulary, gradually building genuine reading ability in the original language. This book is an ideal companion not only to independent learners but also to those who take lessons with a teacher. At the same time, the continuous feeling of achievement produced during the process of reading original authors both stimulates and empowers the learner to study[1].
3. Finally, the third kind of reader will notice the same benefits as the previous ones. The proximity of a word and its translation in our interlinear texts is a step further from other collections, such as the Loeb Classical Library. Although their works might be considered the most famous in this genre, the presentation of texts on opposite pages hinders the immediate link between words and their semantic equivalence in our native tongue (or one we have a strong mastery of).

---

1 Some further ways of using the present work include:

1. As you progress through the stories, focus less on the lower line (the English translation). Instead, try to read through the upper line, staying in the foreign language as long as possible.
2. Even if you find glosses or explanatory footnotes about the mechanics of the language, you should make your own hypotheses on word formation and syntactical functions in a sentence. Feel confident about inferring your own language rules and test them progressively. You can also take notes concerning those idiomatic expressions or special language usage that calls your attention for later study.
3. As soon as you finish each text, check the reading in the original version (with no interlinear or parallel translation). This will fulfil the main goal of this

collection: bridging the gap between readers and original literary works, training them to read directly and independently.

Why interlinear?

Conventionally speaking, tiresome reading in tricky and exhausting circumstances has been the common definition of learning by texts. This collection offers a friendly reading format where the language is not a stumbling block anymore. Contrastively, our collection presents a language as a vehicle through which readers can attain and understand their authors' written ideas.

While learning to read, most people are urged to use the dictionary and distinguish words from multiple entries. We help readers skip this step by providing the proper translation based on the surrounding context. In so doing, readers have the chance to invest energy and time in understanding the text and learning vocabulary; they read quickly and easily like a skilled horseman cantering through a book.

Thereby we stress the fact that our proposal is not new at all. Others have tried the same before, coming up with evident and substantial outcomes. Certainly, we are not pioneers in designing interlinear texts. Nonetheless, we are nowadays the only, and doubtless, the best, in providing you with interlinear foreign language texts.

Handling instructions

Using this book is very easy. Each text should be read at least three times in order to explore the whole potential of the method. The first phase is devoted to comparing words in the foreign language to those in the mother tongue. This is to say, the upper line is contrasted to the lower line as the following example shows:

M'n	tante	zei,	"Ze	gaat	studeren	natuurlijk,	wat	was	het
My	aunt	said	She	goes	study	of course	what	was	it
ook	alweer?"								
also	again								

The second phase of reading focuses on capturing the meaning and sense of the original text. As readers gain practice with the method, they should be able to focus on the target language without getting distracted by the translation. New users of the method, however, may find it helpful to cover the translated lines with a piece of paper as illustrated in the image below. Subsequently, they try to understand the meaning of every word, phrase, and entire sentences in the target language itself, drawing on the translation only when necessary. In this phase, the reader should resist the temptation to look at the translation for every word. In doing so, they will find that they are able to understand a good portion of the text by reading directly in the target language, without the crutch of the translation. This is the skill we are looking to train: the ability to read and understand native materials and enjoy them as native speakers do, that being, directly in the original language.

M'n tante zei, "Ze gaat studeren natuurlijk, wat was het
My aunt said it

ook alweer?"
also again

In the final phase, readers will be able to understand the meaning of the text when reading it without additional help. There may be some less common words and phrases which have not cemented themselves yet in the reader's brain, but the majority of the story should not pose any problems. If desired, the reader can use an SRS or some other memorization method to learning these straggling words.

M'n tante zei, "Ze gaat studeren natuurlijk, wat was het ook alweer?"

Above all, readers will not have to look every word up in a dictionary to read a text in the foreign language. This otherwise wasted time will be spent concentrating on their principal interest. These new readers will tackle authentic texts while learning their vocabulary and expressions to use in further communicative (written or oral) situations. This book is just one work from an overall series with the same purpose. It really helps those who are afraid of having "poor vocabulary" to feel confident about reading directly in the language. To all of them and to all of you, welcome to the amazing experience of living a foreign language!

Additional tools

Check out shop.hyplern.com or contact us at info@hyplern.com for free mp3s (if available) and free empty (untranslated) versions of the eBooks that we have on offer.

For some of the older eBooks and paperbacks we have Windows, iOS and Android apps available that, next to the interlinear format, allow for a pop-up format, where hovering over a word or clicking on it gives you its meaning. The apps also have any mp3s, if available, and integrated vocabulary practice.

Visit the site hyplern.com for the same functionality online. This is where we will be working non-stop to make all our material available in multiple formats, including audio where available, and vocabulary practice.

Table of Contents

De Onwaarschijnlijke Diefstal

The Improbable Theft

In de levendige straten van Amsterdam, waar de fietsers haastig
In the lively streets of Amsterdam where the bikers hastily

voorbijrazen en de geur van specerijen uit de kleine
rush by and the smell of spices from the small

Marokkaanse winkeltjes de lucht vult, woon ik, Imane El Amrani.
Moroccan little stores the air fills live I Imane El Amrani

Ik ben zeventien en sta op het punt om mijn laatste jaar op
I am seventeen and stand at the point for my last year on
am

de middelbare school af te ronden. Mijn leven lijkt op het
the middle school off to round My life seems on the
high - finish

eerste gezicht vrij gewoontjes, net als de mensen om me
first face freely ordinary just like the people around me
glance rather

heen.
to
-

Mijn vrienden op school? Het zijn natuurlijk nog steeds mijn
My friends at school It are of course still continually my
They

beste vriendinnen, maar onze interesses verschillen de laatste tijd
best girlfriends but our interests differ the last time
friends

een beetje. Ze zijn vooral gefocust op uitgaan en shoppen,
a little bit They are especially focused on going out and shopping

terwijl ik meer geïnteresseerd ben in dingen als lezen, werken
while I more interested am in things like reading working

en studeren. Ondanks onze verschillende interesses waarderen we
and studying In spite of our different interests appreciate we

elkaars gezelschap, maar ik merk dat ik soms verlang naar
each other's company but I notice that I sometimes long to
for

gesprekken over onderwerpen die me meer boeien.
conversations about subjects that me more shackle
interest

En dan mijn familie, een typisch Marokkaanse familie, geworteld
And then my family a typical Moroccan family rooted

in tradities en gewoonten die we generaties lang hebben
in traditions and habits that we generations long have

gekoesterd. Mijn ouders kwamen naar Nederland als kleine
cherished My parents came to (the) netherland(s) as small

kinderen, met mijn grootouders mee. Mijn opa kwam hier voor
children with my grandparents along My grandpa came here for

werk, een zogenaamde gastarbeider. Maar ik en mijn broers zijn
work a so-called guest worker But I and my brothers are
me

inmiddels nog meer Nederlands dan Nederlanders, en natuurlijk
meanwhile even more Dutch then Dutch people and of course

ook nog Marokkaans, op een bepaalde manier.
also still Moroccan on a certain way
in

Mijn grootouders spreken gewoon Marokkaans thuis, maar mijn
My grandparents speak simply Moroccan at home but my

ouders spreken het alleen soms, als ze samen zijn, en
parents speak it only sometimes when they together are and

ze praten Nederlands als wij er bij zijn. Ze zijn liefdevol
they talk Dutch when we there with are They are full of love
present -

en zorgzaam, maar oh zo voorspelbaar. Mijn vader werkt hard in
and caring but oh so predictable My father works hard in

zijn kleine boekhoudkantoor, en mijn moeder is altijd bezig met
his small accounting firm and my mother is always busy with

het bereiden van heerlijke Marokkaanse gerechten, maar hun
the preparation of delightful Moroccan dishes but their

leven is een herhaling van dagen.
life is a repetition of days

Mijn uitgebreide familie? Nou, die is grotendeels hetzelfde. Tantes
My extensive family Now that is mainly the same Aunts
Well

die altijd bezig zijn met het organiseren van familiebijeenkomsten
who always busy are with the organizing of family meetings

waarbij steeds dezelfde gerechten op tafel komen, en
where-by continually the same dishes on (the) table come and

ooms die eindeloos praten over politiek en voetbal. Mijn neven
uncles who endlessly talk about politics and soccer My cousins

en nichten zijn een mengelmoes van karakters, van de studiebol
and nieces are a mishmash of characters from the study ball
bookworm

tot de eeuwige grappenmaker, maar ze vallen allemaal binnen
to the eternal joker but they fall all within

de lijnen van het 'normale'.
the lines of the normal

Behalve één. Tante Yasmina, ooit oom Yassin. Een paar jaar
Except one Aunt Yasmina once uncle Yassin A few year

geleden heeft ze ons allemaal verrast met haar transitie,
ago has she us all surprised with her transition

iets wat in onze gemeenschap nog steeds als taboe
something what in our community still continually as taboo
that

wordt gezien. Maar dat is niet het enige dat haar
becomes seen But that is not the only (thing) that her
is

onderscheidt. Tante Yasmina zit momenteel al drie jaar in
distinguishes Aunt Yasmina sits currently already three year(s) in

de gevangenis voor het vermeende stelen van juwelen op haar
the prison for the alleged stealing of jewels on her

werk, een misdaad waarvoor ze schuld heeft bekend. Maar ik
work a crime where-for she guilt has admitted But I
\- confessed

geloof niet dat ze het gedaan heeft.
believe not that she it done has

Waarom niet? Haar dochter, mijn nicht Hafsa, heeft me verzekerd
Why not Her daughter my cousin Hafsa has me assured

dat haar moeder onschuldig is. Hafsa is een paar jaar ouder
that her mother innocent is Hafsa is a few year(s) older

dan ik en werkt in een kledingwinkel. We hebben altijd een
then I and works in a clothing store We have always a
me

sterke band gehad, misschien omdat we beiden de conventies
strong connection had maybe because we both the conventions

van onze familie in twijfel trekken. Als Hafsa zegt dat haar
of our family in doubt pull If Hafsa says that her
- question -

moeder onschuldig is, dan geloof ik haar. Maar waarom zou
mother innocent is then believe I her But why would

tante Yasmina schuld bekennen aan iets dat ze niet heeft
aunt Yasmina guilt admit to something that she not has
- confess

gedaan?
done

Dit is het verhaal dat ik wil vertellen. Het mysterie van de
This is the story that I want to tell The mystery of the

gestolen juwelen en de onwaarschijnlijke dief, mijn tante Yasmina.
stolen jewels and the unlikely thief my aunt Yasmina

Maar mijn leven laat weinig ruimte voor amateur-detectivewerk.
But my life leaves little space for amateur detective work

Na school werk ik in ‘Dar El Amrani’, het kleine Marokkaanse
After school work I in Dar El Amrani the small Moroccan

restaurant van mijn oom Kamal, waar de geur van kruiden en
restaurant of my uncle Kamal where the smell of herbs and

gegrild vlees me elke avond verwelkomt. Het is hard werken,
grilled meat me each evening welcomes It is hard work

maar ik doe het graag. Het helpt mijn oom en het geeft mij
but I do it eagerly It helps my uncle and it gives me

wat zakgeld.
some pocketmoney

Daarnaast is er elke avond mijn huiswerk. Ik ben vastbesloten
There-next is there each evening my homework I am firmly decided
In addition

om mijn diploma te halen met goede cijfers. Ik wil niet eindigen
for my diploma to attain with good marks I want not end

in een eentonige baan of het hoofd boven water houden met
in a monotonous job or the head above water hold with
keep in

kleine klusjes, zoals sommige van mijn neven en nichten.
little little jobs like some of my cousins and nieces
- the gig economy

Mijn dromen zijn groot. Ik wil studeren, reizen, en misschien
My dreams are big I want to study travel and maybe

zelfs schrijfster worden. Maar voor nu ben ik gewoon Imane, de
even writer become But for now am I simply Imane the

tiener die probeert haar weg te vinden in een wereld vol
teenager who attempts her way to find in a world full
road

mysteries en alledaagse sleur.
(of) mysteries and everyday rut
boring routines

En dus, terwijl ik de afwas doe in het restaurant, dromend over
And so while I the dishes do in the restaurant dreaming about

het oplossen van het mysterie van tante Yasmina, besef ik dat
the solving of the mystery of aunt Yasmina realize I that

mijn leven misschien niet zo gewoontjes is als het lijkt. Elk
my life maybe not so ordinary is as it seems Each

familiegeheim, elke onuitgesproken waarheid, is een verhaal dat
family secret each unspoken truth is a story that

wacht om verteld te worden. En wie weet, misschien is dit wel
waits for told to become And who knows maybe is this well indeed

het begin van mijn eigen verhaal.
the beginning of my own story

Familiebanden?

Family Ties?

Terwijl ik door de drukke gangen van mijn school liep, met
While I through the busy corridors of my school walked with

mijn gedachten nog steeds bij het mysterie van tante Yasmina,
my thoughts still continually at the mystery of aunt Yasmina

trilde mijn telefoon in mijn zak. Het was een bericht van
vibrated my phone in my pocket It was a message from

Hafsa. "Kunnen we praten? Het is belangrijk," stond er. Mijn
Hafsa Can we talk It is important stood there My
said it

nieuwsgierigheid was meteen gewekt dus ik smste haar terug
curiosity was immediately awoken so I texted her back

dat ik haar na school zou ontmoeten.
that I her after school would meet

Die middag vond ik Hafsa in de kledingwinkel waar ze werkte,
That afternoon found I Hafsa in the clothing store where she worked

omringd door kleurrijke stoffen en de nieuwste mode. Ze zag
surrounded by colourful cloths and the newest fashion She saw
looked

er bezorgd uit. "Ik moet je iets vertellen, maar niet hier,"
there worried out I must you something tell but not here

fluisterde ze. We spraken af om elkaar te ontmoeten in het
whispered she We spoke off for each other to meet in the
agreed -

restaurant van de Hema, waar ik eerst nog wat schoolspullen
restaurant of the Hema where I first still what school supplies
some

moest halen.
must get
had to

Terwijl ik door de Hema liep, pakte ik een paar pennen en
While I through the Hema walked took I a few pens and

notitieblokken, mijn gedachten constant bij wat Hafsa me zou
notebooks my thoughts constantly at what Hafsa me would

gaan vertellen. We ontmoetten elkaar in het eenvoudige
go tell We met each other in the simple

restaurant van de winkel, tussen de geur van versgebakken
restaurant of the store between the smell of freshly baked

stroopwafels en koffie.
stroopwafels and coffee

Hafsa nam een slok van haar koffie en keek me serieus aan.
Hafsa took a sip of her coffee and looked me serious at

"Ik weet dat mijn moeder Aziza geld krijgt van één van onze
I know that my mother Aziza money gets from one of our

ooms, Ahmed," begon ze. "Dat is op zich niet vreemd, maar ik
uncles Ahmed began she That is on itself not strange but I
in

heb onlangs ontdekt dat hij het geld om zijn bedrijf te
have recently discovered that he the money for his company to

starten kreeg vlak nadat de juwelenroof waarvan mijn moeder
start received right after the jewelry heist where-of my mother
of which

Yasmina beschuldigd werd, plaatsvond."
Yasmina accused became took place

Mijn oren spitsten zich. Dit kon geen toeval zijn. "Ben je
My ears pointed itself This could no coincidence be Are you
I listened carefully

daar zeker van?" vroeg ik.
there sure of asked I

"Ja," antwoordde Hafsa. "En jij bent de enige die interesse
Yes answered Hafsa And you are the only one who interest

lijkt te tonen in het lot van mijn moeder. Ik vertrouw jou,
seems to show in the fate of my mother I trust you

Imane."
Imane

Nadat we afscheid hadden genomen, opende ik mijn laptop en
After we leave had taken opened I my laptop and

begon ik het internet af te speuren naar informatie over het
began I the internet off to track to information about the
- search for

bedrijf van mijn rijke oom Ahmed. Hij had een briljant idee
company of my rich uncle Ahmed He had a brilliant idea

gehad: een frisdrank op de markt brengen, gemaakt van een
had a soda on the market bring made of a

specifiek Marokkaans kruid. Het was een hit geworden, zowel in
particular Moroccan herb It was a hit become both in
had

Nederland als in Marokko.
the Netherlands as in Morocco

Volgens de informatie die ik vond, had mijn oom een lening
According to the information that I found had my uncle a loan

van zijn familie gekregen om een proof of concept uit te voeren.
from his family received for a proof or concept out to lead
\- execute

Dat bleek een succes, en hij kon een eerste partij
That turned out to be a success and he could a first party
lot

flessen financieren die hij aan kleine Marokkaanse supermarktjes
bottles finance which he to small Moroccan supermarkets
of bottles

verkocht. Die waren binnen de kortste keren uitverkocht. Nu
sold Those were inside the shortest turns sold out Now
time

verkocht hij honderdduizenden flessen aan supermarkten in
sold he hundreds of thousands bottles to supermarkets in
of bottles

Nederland, maar ook in België en Frankrijk en natuurlijk
the Netherlands but also in Belgium and France and of course

Marokko, en had hij zijn assortiment uitgebreid met meer
Morocco and had he his range extended with more

Marokkaans-Nederlandse producten, wat hem miljoenen euro's
Moroccan-Dutch products what him millions euros
which of euros

opleverde.
yielded

Met deze nieuwe informatie in gedachten, ging ik naar huis om
With this new information in thoughts went I to house for
\- home

me voor te bereiden op mijn schoolexamens. Toen ik naar de
myself before to prepare on my school exams When I to the
\- for

keuken ging om wat te snacken vroeg ik mijn moeder
kitchen went for what to snack asked I my mother
something

nonchalant wie van de familie mijn oom ooit een lening had
casually who of the family my uncle ever a loan had

gegeven. Ze lachte. "Niemand heeft hem een lening gegeven,
given She laughed Nobody has him a loan given

Imane. Iedereen dacht dat het een dom idee was. Hij had
Imane Everyone thought that it a dumb idea was He had
needed

vijftigduizend euro nodig, en niemand had dat soort geld
fifty thousand euro necessary and nobody had that kind money
euros - of money

liggen. Wel, niet daarvoor in ieder geval." Ze haalde haar
lie Well not there-for in any case She hauled her
lying around for that shrugged

schouders op. "Ik heb geen idee hoe hij aan dat bedrag is
shoulders up I have no idea how he on that amount is
\- onto has

gekomen, maar niet van de familie."
come but not from the family

Een golf van opwinding overspoelde me. Dit kon een belangrijke
A wave of excitement flooded me This could an important

aanwijzing zijn. Mijn oom had geen lening van de familie
clue be My uncle had no loan from the family

gekregen, ondanks wat er op het internet stond. Hoe had hij
received in spite of what there on the internet stood How had he

dan zijn bedrijf opgestart? Was het mogelijk dat de juwelenroof
then his company launched Was it possible that the jewelry heist

en het begin van zijn bedrijf op de een of andere manier
and the beginning of his company on the one or other way

met elkaar verbonden waren?
with each other bound were
connected

Met deze gedachte sloot ik mijn avond af, vastberaden om Hafsa
With this thought closed I my evening off determined for Hafsa

de volgende dag alles te vertellen. Misschien waren we een
the next day everything to tell Maybe were we a

stap dichter bij het ontrafelen van het mysterie van tante
step closer with the unraveling of the mystery of aunt
to

Yasmina. Misschien was dit het begin van een ontdekking die
Yasmina Maybe was this the beginning of a discovery that

alles zou veranderen.
everything would change

–

Met nog maar drie weken te gaan voor de eindexamens, voelde
With still but three weeks to go for the final exams felt
only

ik de druk van de naderende deadline. Ik had altijd goed
I the pressure of the approaching deadline I had always good

gescoord op school, maar Duits was een struikelblok. Die
scored on school but German was a tripping block That
in an obstacle

grammatica was voor mij een ondoordringbare muur van regels
grammar was for me an impenetrable wall of rules

en uitzonderingen.
and exceptions

Op een late lentedag, de gang van onze school verlicht door
On a late spring day the hallway of our school illuminated by

het zachte zonlicht dat door de hoge ramen van de
the soft sunlight which through the high windows of the

schoolgang viel, merkte ik een meisje uit mijn klas op. Ze
school fell marked I a girl from my class on She
noticed -

worstelde met een zware deur terwijl ze in haar rolstoel zat.
struggled with a heavy door while she in her wheelchair sat

Het was Emma, een beetje stil meisje waar ik tot dan toe
It was Emma a little bit quiet girl where I until then to
rather to whom -

nauwelijks aandacht aan had besteed. Zonder aarzeling schoot ik
hardly attention on had spent Without hesitation shot I
- given rushed

te hulp en hield de deur voor haar open.
to help and held the door for her open

"Bedankt," zei ze met een glimlach, haar ogen glinsterden achter
Thanks said she with a smile her eyes shone behind

haar bril. Haar lachende gezicht werd aan beide kanten
her glasses Her laughing face became on both sides
was

ingekaderd door losse blonde krullen. Waarom is ze me nooit
framed by loose blond curls Why is she me never
has to me

opgevallen, dacht ik bij mezelf. Heeft ze iets met d'r haar
stood out thought I at myself Has she something with her hair
with

gedaan ofzo?
done or so
or something

"Geen probleem," antwoordde ik in plaats daarvan en liet de
No problem answered I in place there-of and let the
instead

frustratie over mijn Duitse grammatica per ongeluk
frustration over my German grammar per accident
\- accidentally

doorschemeren. "Ik wou dat deuren openen net zo makkelijk
through-glimmer I wanted that doors open just so easy
show

was als Duits leren."
was as German learn

Tot mijn verbazing reageerde Emma enthousiast. "Oh, je hebt
To my surprise responded Emma enthusiastically Oh you have

problemen met Duits? Da's grappig, ik heb net een app gemaakt
issues with German That's funny I have just an app made

die je helpt met de grammatica. Programmeren is een beetje
that you helps with the grammar Programming is a little bit

mijn ding."
my thing

Ik keek haar verbaasd aan. "Echt waar? Dat klinkt super
I looked her surprised at Really true That sounds super
at her - -

handig!"
handy
useful

Ze haalde haar telefoon tevoorschijn en toonde me een strak
She fetched her phone into view and showed me a tightly
sleekly

ontworpen app met een interface die op het eerste gezicht erg
designed app with an interface which on the first face very
look

roze leek. "Hier, probeer het maar. Ik noem het 'DeutschPro'.
pink seemed Here try it but I name it DeutschPro
just try - call

Het gebruikt algoritmes om je zwakke punten te identificeren
It uses algorithms for your weak points to identify

en past de oefeningen daarop aan."
and suits the exercises there-on to
adjusts based on that-

Vanaf dat moment veranderde onze relatie. Ik begon vaker
From-off that moment changed our relation I began more often
From relationship

met Emma te praten, en tijdens de lunch zaten we samen
with Emma to talk and during the lunch sat we together

terwijl ze me door de functies van 'DeutschPro' leidde. Emma,
while she me through the functions of DeutschPro led Emma

met haar heldere blauwe ogen en een onverstoorbare kalmte,
with her clear blue eyes and an unflappable calmness

was niet alleen slim, maar ook verrassend grappig. Haar rolstoel,
was not only smart but also surprisingly funny Her wheelchair

die ze sierlijk manoeuvreerde, leek haar niet te beperken;
which she gracefully maneuvered seemed her not to limit

het leek meer alsof het haar op een of andere manier
it seemed more as if it her on one or (the) other way

kracht en karakter gaf.
strength and character gave

Tijdens onze gesprekken onthulde ze meer over haar passie
During our conversations revealed she more about her passion

voor technologie. "Ik vind het relaxed hoe je met programmeren
for technology I find it relaxed how you with programming

problemen kan oplossen en dingen kunt maken die echt nuttig
issues can solve and things can make that really useful

zijn," vertelde ze me eens. Ze keek even om zich heen en
are told she me once She looked a bit around herself -to- and

voegde wat zachter toe, "Hacken vind ik ook super gaaf. Ik
added what softer to Hacking find I also super cool I
a little bit more quiet -

zou zelfs de examenvragen kunnen vinden als ik wilde, maar
would even the exam questions be able to find if I wanted but

waar is de uitdaging dan?"
where is the challenge then

Haar zelfvertrouwen en vindingrijkheid inspireerden me. Terwijl we
Her self confidence and resourcefulness inspired me While we

praatten over studiemethoden en onze toekomstplannen, voelde ik
talked about study methods and our future plans felt I

een band groeien. Emma, die in de schaduwen van de klas
a connection grow Emma who in the shadows of the class

had geleefd, was een verborgen juweel, een onverwachte
had lived was a hidden gem an unexpected

bondgenoot in mijn academische strijd. En misschien, dacht ik,
ally in my academic battle And maybe thought I

kon haar vaardigheid in technologie ook van pas komen bij het
could her skill in technology also of fit come at the
\- useful be

ontrafelen van het mysterie rond mijn tante Yasmina.
unraveling of the mystery around my aunt Yasmina

Terwijl de dagen voorbij gingen en de examens naderden,
While the days past went and the exams approached

hoorde ik dat er een nieuwe familiebijeenkomst gepland stond
heard I that there a new family meeting planned stood
was

in het huis van mijn rijke oom. Hoewel ik geen idee had wat
in the house of my rich uncle Although I no idea had what

ik daar zou kunnen ontdekken, hoopte ik meer informatie te
I there would be able to discover hoped I more information to

vergaren over de oorsprong van zijn startkapitaal.
gather about the origin of his seed capital

De dag van de familiebijeenkomst was een kakofonie van
The day of the family meeting was a cacophony of

stemmen en geuren, typisch voor onze grote Marokkaanse familie.
voices and smells typical for our large Moroccan family

Zodra ik binnenkwam, werd ik begroet door een zee van
As soon as I inside-came became I greeted by a sea of
entered was

vertrouwde gezichten. Mijn kleinere neven en nichten renden
familiar faces My smaller cousins and nieces ran

rond, terwijl de volwassenen comfortabel in de woonkamer zaten,
around while the adults comfortably in the living room sat

ondergedompeld in gesprekken en gelach.
submerged in conversations and laughter

"Tante Fatima, hoe gaat het?" begon ik, terwijl ik haar een warme
Aunt Fatima how goes it began I while I her a warm

omhelzing gaf.
embrace gave
offered

"Imane, mijn kind, je wordt met de dag mooier! Hoe staat
Imane my child you become with the day more beautiful How stands

het met je studie?" vroeg ze, haar ogen glinsterend van
it with your study asked she her eyes glistening of

oprechte interesse.
sincere interest

"Ik doe mijn best, tante. Nog maar een paar weken en dan zijn
I do my best aunt Still but a few weeks and then are
only

de eindexamens voorbij," antwoordde ik met een glimlach.
the final exams past answered I with a smile

"Weet je al wat je gaat doen? Waar wil je werken?"
Know you already what you go to do Where want you work

vroeg een andere oom.
asked an other uncle

M'n tante zei, "Ze gaat studeren natuurlijk, wat was het ook
My aunt said She goes study of course what was it also

alweer?"
again

"Rechten, strafrecht," zei ik plichtmatig. Alhoewel mijn moeder zei
Laws criminal law said I dutifully Although my mother said
Law

dat ik zo slim was dat ik wel medicijnen kon doen, of zelfs
that I so smart was that I well medicines could do or even
indeed for doctor study

raketgeleerde kon worden, was het altijd criminologie wat mijn
rocket scientist could become was it always criminology what my
that

passie was geweest. Nou ja, tot nu toe vooral in de moord
passion was been Now yes until now to especially in the murder
had -

mysterie boeken die ik lees, maar je moet in je leven
mystery books that I read but you must in your life

proberen iets te doen wat je echt leuk vindt, toch?
try something to do what you really fun find still
that like - right

"En de jongens dan? Heb je al een speciaal iemand in je
And the boys then Have you already a special someone in your

leven?" vroeg mijn nieuwsgierige tante Salima, die zich bij het
life asked my curious aunt Salima who herself to the

gesprek voegde.
conversation joined

Ik rolde met mijn ogen, een reactie die een meevoelend
I rolled with my eyes a reaction which a compassionate

gegiechel ontlokte bij enkele van mijn jongere nichten die
giggling elicited with a few of my younger nieces who

stonden te luisteren. "Tante, mijn studie is nu belangrijker.
stood to listen Aunt my study is now more important
were - listening

Jongens kunnen wachten," zei ik, half serieus, half spelend met
Boys can wait said I half serious half playing with

het stereotype.
the stereotype

"Dat is mijn slimme meisje! Altijd gefocust," prees mijn oom
That is my smart girl Always focused praised my uncle

Ahmed, terwijl hij voorbij liep met een dienblad vol zoete
Ahmed while he past walked with a tray full (of) sweet

Marokkaanse lekkernijen.
Moroccan delights

Na enkele minuten van beleefde conversaties en het ontwijken
After a few minutes of polite conversations and the dodging

van meer vragen over mijn liefdesleven, zocht ik een uitweg.
of more questions about my love life searched I a way out

"Ik moet even naar de badkamer," verontschuldigde ik me,
I must a bit to the bathroom apologized I myself
for a moment

terwijl ik me een weg baande door de drukte. Mijn ware
while I myself a way cleared through the bustle My true
road

doel was echter het kantoor van mijn oom, een plek waar ik
goal was however the office of my uncle a spot where I

hoopte meer aanwijzingen te vinden over het mysterie dat onze
hoped more indications to find about the mystery that our

familie omhulde. Met een mix van nervositeit en vastberadenheid
family surrounded With a mix of nervousness and determination

glipte ik de gang door, op weg naar een ontdekking die
slipped I the hallway through on way to a discovery that
my way

misschien alles zou veranderen.
maybe everything would change

Ik keek naar de papieren op zijn bureau, trok wat lades
I looked at the papers on his desk pulled what drawers
some

open en doorzocht mappen vol met saaie lijsten met
open and searched folders full with boring lists with
of

verkoopaantallen en opbrengsten, maar zonder te weten waar ik
sales numbers and revenue but without to know where I

precies naar zocht. Ik maakte foto's van alles wat ik
exactly to searched I made photos of everything what I
for that

tegenkwam, zodat ik er thuis nog op mijn gemak naar
encountered so that I there at home still on my convenience at

kon kijken.
could look

Uiteindelijk stond ik te staren naar ingelijste prijzen voor de
In the end stood I to stare at framed prizes for the

beste limonade aan de muur en een oudere foto van mijn oom
best lemonade on the wall and an older photo of my uncle

met wat andere jonge mannen, die geen familie leken. Eén van
with some other young men who no family seemed One of

hen was een blonde vent met een enorm litteken van zijn
them was a blond guy with a huge scar from his

voorhoofd tot aan zijn wang. Voor de zekerheid maakte ik daar
forehead to on his cheek For the certainty made I there
up to - - Just to be sure

ook een foto van.
also a photo of

Op dat moment hoorde ik de deur van het kantoor opengaan.
At that moment heard I the door of the office open-go
open

Geschrokken stopte ik mijn mobiel weg en draaide ik me
Scared put I my mobile away and turned I myself
mobile phone

om. Natuurlijk, daar stond mijn oom, met een frons op zijn
around Of course there stood my uncle with a frown on his

voorhoofd.
forehead

"Imane? Is alles in orde?" vroeg hij met verbazing in zijn
Imane Is everything in order asked he with surprise in his
- ok

stem. “Wat doe je in mijn kantoor?”
voice What do you in my office
are doing

Ik haalde diep adem, zoekend naar een geloofwaardig excuus. "Oh,
I fetched deep breath searching for a credible excuse Oh
took a deep

oom, sorry dat ik hier ben. Ik was gewoon een beetje gestresst
uncle sorry that I here am I was simply a little bit stressed

van de drukte, weet je wel, iedereen die alles aan je
of the bustle know you well everyone who everything on you
from

vraagt en zo. Ik had even wat rust nodig," stamelde ik, mijn
asks and so I had a bit what rest necessary stammered I my
such needed a little bit of rest -

hart bonzend in mijn keel.
heart thumping in my throat
beating

Mijn oom sloot zachtjes de deur en liep naar me toe, wat
My uncle closed softly the door and walked to me towards what

me belachelijk genoeg beangstigde. Ik kende mijn oom Ahmed
me ridiculously enough frightened I knew my uncle Ahmed

mijn hele leven lang! Waarom zou hij mij iets aan doen?
my whole life long Why would he me something on do
hurt - -

"Tuurlijk, die familiebijeenkomsten kunnen nogal intens zijn," zei
Sure those family meetings can quite intense be said

oom met een glimlach, "Neem gerust je tijd."
uncle with a smile Take surely your time

Er viel een ongemakkelijke stilte. Ik keek naar de grond,
There fell an uncomfortable silence I looked at the ground

maar toen hief ik mijn hoofd op, gedreven door een impuls.
but then raised I my head up driven by an impulse

"Oom, mag ik u iets vragen?" begon ik aarzelend. "Waar
Uncle may I you something ask began I hesitating Where

had u het geld vandaan gehaald om uw bedrijf te starten?"
had you the money from retrieved for your company to start

Hij leek even verrast door mijn directheid, maar
He seemed for a moment surprised by my directness but

antwoordde toen, "Van de familie, natuurlijk."
answered then From the family of course

Maar ik was vastberaden. "Mijn moeder zei dat niemand u
But I was determined My mother said that nobody you

iets wilde lenen. Dat niemand in de familie het geld
something wanted to borrow That nobody in the family the money

had." Ik liet maar achterwege dat de familie zijn bedrijfsplan op
had I let but behind that the family his business plan at
\- just omitted

dat moment gewoon een dom idee vond.
that moment simply a dumb idea found

Mijn oom keek me nu recht in de ogen, een zweem van
My uncle looked me now straight in the eyes a hint of

irritatie in zijn blik. "Imane, waarom vraag je dit?"
irritation in his glance Imane why ask you this

"Ik ben gewoon nieuwsgierig," antwoordde ik, mijn stem iets
I am simply curious answered I my voice something

sterker nu.
stronger now

Er was een moment van stilte voordat hij antwoordde, zijn
There was a moment of silence before he answered his

stem zachter, bijna berustend. "Je hebt gelijk. Ik zei dat alleen
voice softer almost resigned You have are right I said that only

maar omdat... het een kwestie van eer was. Ik wilde niet
but because - it a case of honor was I wanted not

toegeven dat ik een lening bij de bank had moeten nemen."
admit that I a loan at the bank had must take

Ik knikte langzaam, teleurgesteld maar ook enigszins opgelucht
I nodded slowly disappointed but also somewhat relieved

dat ik tenminste iets van de waarheid had ontdekt. "Ik
that I at least something of the truth had discovered I

snap het, oom. Bedankt voor uw eerlijkheid."
understand it uncle Thanks for your honesty

Hij knikte, zijn houding verzachtend. "We zijn allemaal trots op
He nodded his posture relaxing We are all proud on of

je, Imane. Je bent slim en nieuwsgierig. Dat zijn goede
you Imane You are smart and curious Those are good

eigenschappen."
properties

Met een mengeling van emoties verliet ik mijn oom's kantoor,
With a mix of emotions left I my uncle's office

met tollende gedachten. Hoewel ik geen concrete aanwijzingen
with spinning thoughts Although I no concrete indications
dizzying

had gevonden, had deze confrontatie een nieuw licht geworpen op
had found had this confrontation a new light thrown on

mijn zoektocht. Een nogal koud en steriel licht. Ik had helemaal
my search A quite cold and sterile light I had totally

niks.
nothing

Thuis, na de familiereünie, overpeinsde ik de situatie. Ik was
At home after the family reunion pondered I the situation I was

dus terug bij af. Mijn enige aanwijzing leek een dood spoor
thus back with off My only designation seemed a dead trail
at the start

te zijn. Ik vroeg me af of er niet stiekem meer aan de
to be I asked myself off if there not secretly more on the
wondered - -

hand was. De manier waarop mijn oom reageerde toen ik hem
hand was The way whereupon my uncle responded when I him
matter

confronteerde, zijn korte moment van irritatie - het leek alsof
confronted his short moment of irritation it seemed as if

er iets was dat hij verborgen hield. Ik zuchtte diep.
there something was that he hidden held I sighed deep

Misschien was het gewoon een kwestie van eer. Als je eigen
Maybe was it simply a case of honor When your own

familie je geen eens geld wil lenen, dan vinden mensen
family you not even money wants to borrow then find people

zoals mijn oom dat blijkbaar een grote schande. Zit misschien
like my uncle that apparently a large disgrace Sits maybe
Is

wel wat in. Tenslotte luidt het spreekwoord niet voor
indeed something in Finally reads the proverb not for
somewhat true

niks, "Van je familie moet je het hebben."
nothing From your family must you it have

Ik voelde me een beetje verloren. Ik moest toegeven, de
I felt myself a little bit lost I must admit the

missie 'bespioneer rijke oom' was een mislukking. Maar toen
mission spy on rich uncle was a failure But then

dacht ik aan Yasmina, en dat ze onschuldig vast zat, en dat
thought I to Yasmina and that she innocent stuck sat and that
jailed was

gaf me weer moed. Hoe dan ook zou ik uitvinden wat
gave me again courage How then also would I find out what
Whatever happened

er gebeurd was. Na mijn eindexamen dan...
there happened was After my final exam then
had

Ik studeerde in al mijn vrije uurtjes en met behulp van
I studied in all my free little hours and with help of

Emma's app begon ik mijn Duits te verbeteren, alhoewel mijn
Emma's app began I my German to improve although my

gedachten bleven afdwalen naar het mysterie dat zich in mijn
thoughts kept digressing to the mystery that itself in my

familie afspeelde. Het was een raadsel dat ik vastbesloten was op
family played It was a riddle that I firmly decided was up
-

te lossen, maar eerst moest ik mijn eigen toekomst veiligstellen.
to loosen but first must I my own future safe-put
to solve secure

Een Nieuw Spoor
A New Trail

Het was een grijze, bewolkte middag toen ik Hafsa ontmoette in
It was a gray cloudy afternoon when I Hafsa met in

het restaurant van de Hema. Ze zat daar, nippend aan haar
the restaurant of the Hema She sat there sipping on her

koffie tijdens haar pauze. Haar ogen stonden somber, een
coffee during her break Her eyes stood gloomy a
were

schaduw van de gebruikelijke sprankeling.
shadow of the usual sparkle

"Ik heb met oom gesproken," begon ik zachtjes, terwijl ik
I have with uncle spoken began I softly while I
quietly

tegenover haar ging zitten. "Hij zei dat hij het geld voor zijn
opposite her went to sit He said that he the money for his

bedrijf van de bank heeft gekregen, niet van de familie. Hij
company from the bank has received not from the family He

schaamde zich ervoor dat niemand hem wat wilde
was ashamed himself before that nobody him something wanted

lenen en dat hij naar de bank moest stappen voor een
to borrow and that he to the bank must step for a
had to go

lening, dus deed ie net alsof hij het wel van de familie
loan so did he just as if he it well from the family
acted indeed

gekregen had."
gotten had

Hafsa's schouders zakten en haar gezicht betrok, door mijn
Hafsa's shoulders sank and her face got drawn through my
fell because of

teleurstellende mededeling. "Dus we zijn geen stap verder," zuchtte
disappointing statement So we are not step further sighed
a step

ze. "Mijn moeder zit nog steeds onterecht in de gevangenis."
she My mother sits still continually unjustly in the prison

Haar verdriet raakte me diep, en ik voelde een golf van
Her sadness touched me deeply and I felt a wave of

vastberadenheid. "Ik beloof je, Hafsa, ik geef het niet op. We
determination I promise you Hafsa I give it not up We
won't give - up

zullen de waarheid vinden."
will the truth find

De volgende dag op school merkte Emma dat er iets aan
The next day on school noticed Emma that there something on
-

de hand was. "Is alles goed, Imane?" vroeg ze bezorgd,
the hand was Is everything good Imane asked she worried
matter ok

terwijl we naar onze volgende klas gingen.
while we to our next class went

Ik besloot haar te vertellen over de zaak. "'T is mijn tante, ik
I decided her to tell about the case It is my aunt I

had je toch verteld dat ze onterecht in de gevangenis zit
had you indeed told that she unjustly in the prison sits

voor een juwelendiefstal? Ik dacht dat mijn oom misschien
for a jewelry theft I thought that my uncle maybe

iets met het gestolen geld te maken had om zijn bedrijf
something with the stolen money to make had for his company
do

te starten, maar dat bleek een dwaalspoor. Hij heeft het
to start but that turned out to be an lost-trail He has the
false lead

geld van de bank gekregen."
money from the bank gotten

Emma's ogen lichtten op bij het horen van een mysterie. "Heb
Emma's eyes lit up at the hearing of a mystery Have

je ooit de juwelier bezocht? Heb je met de manager of
you ever the jeweller visited Have you with the manager or

Yasmina's collega's gesproken over de diefstal?"
Yasmina's colleagues spoken about the theft

"Nee, dat heb ik nog niet gedaan," antwoordde ik. "Eigenlijk is
No that have I still not done answered I Actually is

dat een heel goed idee."
that a very good idea

Die middag nam ik Emma mee naar huis om daar samen
That afternoon took I Emma along to house for there together
- home

voor het examen te studeren en hopelijk ook wat tijd in ons
for the exam to study and hopefully also some time in our

juwelen mysterie te steken.
jewels mystery to stick
put

Toen we bij mijn voordeur aankwamen, realiseerde ik me dat
When we at my front door arrived realized I myself that

ik Emma niet naar mijn kamer kon mee nemen vanwege haar
I Emma not to my room could along take because of her

rolstoel. En tot overmaat van ramp, toen ik Emma aan mijn
wheelchair And to excess of disaster when I Emma to my
on top of that

moeder voorstelde, glimlachte ze breed en zei: "Zo, dus jij bent
mother introduced smiled she widely and said So so you are

Emma! Ga je ook naar dezelfde school als Imane?"
Emma Go you also to the same school as Imane

Emma knikte. "Ja, we zitten in dezelfde klas."
Emma nodded Yes we sit in the same class
are

"Wat geweldig dat je naar een normale school kunt gaan,"
What terrific that you to a normal school can go
How

vervolgde mijn moeder enthousiast. "Heb je speciale hulp
continued my mother enthusiastically Have you special help

nodig met leren?"
necessary with learning

Ik voelde mijn wangen rood worden van schaamte. "Mam, er
I felt my cheeks red become of shame Mom there
embarrassment

is niks mis met Emma's hersenen hoor. Ze is super slim
is nothing wrong with Emma's brain hear She is super smart
you know

en helpt mij met Duits," zei ik, een beetje te luid.
and helps me with German said I a little bit too loud

Emma glimlachte verlegen en zei: "Ik red me prima op
Emma smiled shyly and said I save myself fine at
manage

school, mevrouw. En ik vind het leuk om Imane te helpen met
school madam And I find it fun for Imane to help with

haar Duits."
her German

Mijn moeder leek even uit het veld geslagen door
My mother seemed for a moment out (of) the field struck by
\- stunned

mijn reactie, maar herstelde zich snel. "Natuurlijk, natuurlijk,
my reaction but recuperated herself quickly Of course of course

dat begrijp ik. Sorry, Emma, ik bedoelde het niet verkeerd," zei
that understand I Sorry Emma I meant it not wrong said

ze, enigszins beschaamd. En ze verdween naar de keuken.
she somewhat embarrassed And she disappeared to the kitchen

Even later kwam ze terug met een schaal vol Marokkaans
A bit later came she back with a bowl full (of) Moroccan

lekkers. "Hier, voor jullie. Emma, ik hoop dat je van baklava
goodies Here for you Emma I hope that you of baklava
you guys love

houdt," zei ze met een warme glimlach.
holds said she with a warm smile
-

Emma's ogen lichtten op. "Oh, ik ben dol op baklava! Dank u
Emma's eyes lit up Oh I am crazy on baklava Thank you
for

wel!"
well
indeed

Terwijl we van de zoete lekkernij genoten, voelde ik me een
While we of the sweet treat enjoyed felt I myself a
-

beetje schuldig over mijn uitbarsting. Mijn moeder probeerde
little bit guilty over my eruption My mother tried

gewoon vriendelijk te zijn, al was haar benadering soms
simply friendly to be although was her approach sometimes

wat onhandig. Emma leek het echter niet erg te vinden en
what clumsy Emma seemed it however not bad to find and
- mind

genoot van de baklava, wat de sfeer weer deed ontspannen.
enjoyed of the baklava what the atmosphere again did relax
-

Maar het was wel een eyeopener voor mij; ik werd me
But it was indeed an eye-opener for me I became myself

onaangenaam bewust van de uitdagingen waar mensen met
unpleasantly conscious of the challenges where people with
with which

een handicap elke dag weer mee te maken hebben.
a disability each day again along to make have
- deal

In de woonkamer opende Emma haar laptop en we begonnen
In the living room opened Emma her laptop and we started

online te zoeken naar informatie over de juwelendiefstal. We
online to search for information about the jewelry theft We

kwamen erachter dat er voor een onbekend bedrag was
came there-behind that there for an unknown amount was
found out

gestolen, maar dat dit gedekt was door de verzekering. Een
stolen but that this covered was by the insurance An

medewerker van de winkel, mijn tante Yasmina, was gearresteerd
employee of the store my aunt Yasmina was arrested

en had bekend, alhoewel de buit nooit was gevonden. Verder
and had confessed although the loot never was found Further

was er weinig informatie, wat nogal frustrerend voelde.
was there little information what quite frustrating felt
which

Dat weekend gingen Emma en ik samen naar de juwelierszaak.
That weekend went Emma and I together to the jewelry store

Terwijl ik rondneusde in de winkel, hield een achterdochtige
While I snooped around in the store held a suspicious
kept

beveiligingsmedewerker me constant in de gaten.
security officer me constantly in the holes
an eye on me -

Ondertussen sprak Emma met de manager. Ze vertelde hem dat
Meanwhile spoke Emma with the manager She told him that

ze een schoolproject deed over de beruchte juwelendiefstal en
she a school project did about the infamous jewelry theft and

vroeg of hij geloofde dat Yasmina het had gedaan, hoeveel er
asked if he believed that Yasmina it had done how many there

gestolen was en of er andere aanwijzingen waren.
stolen was and if there other indications were

De manager deed erg stijf en formeel. "Ik kan daar niet over
The manager did very stiff and formal I can there not about
acted

praten," zei hij kortaf.
talk said he curtly

Terwijl Emma bleef aandringen, herkende een andere
While Emma remained to insist recognized an other

medewerker van de juwelierszaak mij als Yasmina's nichtje. Ze
employee from the jewelry store me as Yasmina's little cousin She

kwam naar me toe toen ik een sieraad bekeek. "Ik hoorde
came to me towards when I a trinket looked at I heard

dat je vriendin de manager vragen stelde," fluisterde ze. "Ik
that your friend the manager questions posed whispered she I

heb altijd gedacht dat het vreemd was dat Yasmina die
have always thought that it strange was that Yasmina those

juwelen zou stelen. Ze hield van haar baan, en de buit is
jewels would steal She held of her job and the loot is
loved -

nooit bij haar gevonden."
never with her found

Op mijn vraag hoeveel er gestolen was, antwoordde ze
At my question how many there stolen was answered she

zachtjes: "Het was tien miljoen euro aan diamanten."
softly It was ten million euro on diamonds
in

Toen ik vroeg of ze wist of iemand anders betrokken kon
When I asked whether she knew if someone else involved could

zijn bij de diefstal, zei ze: "In die tijd ging ik soms met
be at the theft said she In that time went I sometimes with

Yasmina uit in een nachtclub, hoe heette die ook alweer, 'Het
Yasmina out in a nightclub how was called that also again The

Rode Bos' ofzo, nee, nee, het was 'De Roze Jungle'. Ik ging
Red Forest or so no no it was The Pink Jungle I went
or something

daar zelden heen, maar Yasmina was er bijna elke avond.
there rarely -to- but Yasmina was there almost every evening
night

Misschien vind je daar een aanwijzing."
Maybe find you there a clue

Buiten de juwelierszaak vertelde ik een opgewonden Emma over
Outside the jewelry store told I an excited Emma about

de nieuwe aanwijzingen. Ze was eerst teleurgesteld omdat ze
the new indications She was first disappointed because she

niets uit de manager had kunnen krijgen, maar dit nieuws
nothing from the manager had be able to get but this news
been able

maakte alles goed.
made everything good
up

"Ik kan me niet voorstellen dat het mijn oom was," mijmerde ik.
I can me not imagine that it my uncle was mused I

"Tien miljoen aan juwelen is verdwenen, en hij had maar
Ten million on jewels is disappeared and he had but only

vijftigduizend nodig voor zijn bedrijf."
fifty thousand necessary for his company

Samen besloten Emma en ik om door te gaan met de zaak.
Together decided Emma and I for through to go with the case - continue

Er waren nieuwe wegen te verkennen, de tip over de
There were new roads to explore the tip about the

nachtclub leek een veelbelovende volgende stap.
nightclub seemed a promising next step

—

Die avond besloten Emma en ik naar de nachtclub 'De Roze
That evening decided Emma and I to the nightclub The Pink

Jungle' te gaan, de plek waar tante Yasmina vaak kwam. Eerst
Jungle to go the spot where aunt Yasmina often came First

bracht Emma mij naar huis, waar ik aan haar ouders werd
brought Emma me to house - home where I to her parents became

voorgesteld. Haar ouders deden super aardig, en het was bijna
introduced Her parents did acted super nice and it was almost

alsof Emma's moeder mij dankbaar was dat ik met Emma mee
as if Emma's mother me thankful was that I with Emma along

kwam. Voor de rest leken ze even ouderwets en saai als
came For the rest seemed they similarly old-fashioned and boring as

die van mij, maar dan de Nederlandse versie.
those of mine but then the Dutch version

Het huis was volledig aangepast aan Emma's handicap: geen
The house was fully adjusted to Emma's disability no

drempels, een traplift, en handgrepen in het toilet en de
thresholds a stairlift and hand-grips in the toilet and the

badkamer, wat ik opmerkte toen ik naar de badkamer moest.
bathroom what I noted when I to the bathroom must
which had to go

Het enige normale was Emma's kamer. Nou ja, normaal... Haar
The only normal was Emma's room Now yes normal Her
normal thing Well yeah

beddengoed was roze, haar kussens waren roze, en overal
bedding was pink her cushions were pink and everywhere

lagen speelgoedbeesten. Aan de ene kant van de kamer stond
laid toy animals At the one side of the room stood

een enorm poppenhuis en een kast waarin wel honderd
a huge dollhouse and a cabinet where-in indeed (a) hundred

barbies naast elkaar zaten.
barbies next to each other sat

Gelukkig stond aan de andere kant van de kamer een
Fortunately stood on the other side of the room a

boekenkast, en behalve de babysitters club zag ik zowaar een
bookcase and except the babysitters club saw I so-true a
indeed

paar boeken van McManus en Holly Jackson staan,
few books of McManus and Holly Jackson stand

“Sorry, voor die kleur, ik vraag m’n moeder al maanden om
Sorry for that color I ask my mother already months for

nieuw beddengoed. Het is nog van jaren terug, zelfde geldt voor
new bedding It is still from years back same is valid for
goes

mijn ouwe speelgoed,” zei Emma met wangen die zo roze
my old toys said Emma with cheeks which so pink

werden als haar dekbed. “Ik heb nooit de tijd om die rommel
became as her duvet I have never the time for that mess

weg te gooien.”
away to throw

Maar ik had echt een reden om me te verontschuldigen. Ik
But I had really a reason for myself to apologize I

zei dat ik me rot voelde dat ik haar niet op mijn kamer had
said that I myself bad felt that I her not on my room had

kunnen uitnodigen. "Elk huis zou eigenlijk een traplift moeten
been able to invite Each house would actually a stairlift must
have to

hebben voor mensen met een handicap," zei ik.
have for people with a disability said I

Emma haalde haar schouders op. "Er is altijd een oplossing
Emma hauled her shoulders up There is always a solution
shrugged -

voor elk probleem. M’n handicap heeft me ook slimmer en
for each problem My disability has me also smarter and

veelzijdiger gemaakt."
more versatile made

Voor het eerst voelde ik dat ik Emma echt mocht, met haar
For the first felt I that I Emma really liked with her
first time

eeuwige opgewektheid en positieve kijk op het leven. Toen ik de
eternal cheerfulness and positive look on the life When I the
-

schittering in haar ogen zag, voelde ik iets, maar ik drukte
shine in her eyes saw felt I something but I pressed

die gedachte snel weg.
that thought quickly away

In Emma's kamer, waar ondanks al het roze de mengelmoes van
In Emma's room where in spite of all the pink the mishmash of

posters en boeken een gezellige sfeer creëerde, openden we
posters and books a cosy atmosphere created opened we

haar kledingkast. "Ik denk dat deze je wel staat," zei Emma,
her closet I think that this you well stands said Emma
great will look on

terwijl ze een stijlvolle, donkerblauwe top en een bijpassende
while she a stylish dark blue top and a matching

korte rok uitzocht.
short skirt selected

"Ik weet niet zeker of dit mijn stijl is," aarzelde ik, maar de
I know not surely if this my style is hesitated I but the
am sure

blik in Emma's ogen overtuigde me om het een kans te
glance in Emma's eyes convinced me for it a chance to

geven.
give

"Probeer het gewoon! Je ziet er vast geweldig uit,"
Try it simply You see there probably great out
Just try it will look - in it

moedigde Emma me aan.
encouraged Emma me on
-

Ik nam de kleding mee naar Emma's badkamer om me om te
I took the clothing along to Emma's bathroom for me for to

kleden. Het voelde een beetje ongepast om haar privéruimte te
dress It felt a little bit inappropriate for her private space to

gebruiken, maar ik merkte op hoe handig alles was ingericht
use but I marked up how handy everything was set up
noticed -

voor haar, met aangepaste hoogtes en grepen. Het was een
for her with custom heights and grips It was a

nieuwe herinnering aan de dagelijkse uitdagingen waar Emma
new reminder to the daily challenges where Emma
which

mee te maken had.
along to make had
- deal

Toen ik terugkwam in mijn geleende outfit, keek Emma
When I came back in my borrowed outfit looked Emma

goedkeurend. "Zie je wel! Je ziet er fantastisch uit."
approvingly See you indeed You see there fantastic out
look - -

We daalden de trap af, waar Emma haar ouders vertelde over
We descended the stairs off where Emma her parents told about
walked down -

onze plannen. "We gaan vanavond naar een nachtclub," zei ze
our plans We go tonight to a nightclub said she

opgewekt.
cheerfully

Haar ouders keken even bezorgd, maar herstelden zich snel.
Her parents looked a bit worried but recovered themselves quickly

"Dat klinkt leuk, schat. Wees voorzichtig, oké?" zei haar moeder,
That sounds fun treasure Be careful okay said her mother
sweetie

terwijl haar vader knikte.
while her father nodded

Ik kon zien dat het hen een beetje bang maakte, maar hun
I could see that it them a little bit afraid made but their

inspanning om Emma een normaal leven te bieden en haar
effort for Emma a normal life to offer and her

alles toe te staan wat ze wilde, was duidelijk. Ze wilden
everything to to stand what she wanted was clear They wanted
- allow

haar niet beperken vanwege haar handicap.
her not limit because of her disability

Terwijl we naar de deur liepen, dacht ik eraan dat ik mijn
While we to the door walked thought I there-on that I my

eigen ouders had verteld dat ik tot laat zou studeren bij
own parents had told that I until late would study at

Emma. Het was een klein leugentje, maar ik voelde dat deze
Emma It was a small lie but I felt that this
Emma's place

avond belangrijk kon zijn, niet alleen voor het mysterie, maar
evening important could be not only for the mystery but

ook voor mijn groeiende vriendschap met Emma.
also for my growing friendship with Emma

De echte uitdaging begon toen we bij de nachtclub aankwamen.
The real challenge began when we at the nightclub arrived

Toen we eenmaal bij de ingang van De Roze Jungle stonden,
When we once at the entrance of The Pink Jungle stood
Once -

keek de uitsmijter bedenkelijk naar Emma in haar rolstoel. "Ik
looked the bouncer doubtful at Emma in her wheelchair I

weet niet zeker of dit een goed idee is," begon hij. "Het kan
know not surely if this a good idea is began he It can

gevaarlijk zijn voor je in de drukte."
dangerous be for you in the bustle
press of people

Emma keek hem recht in de ogen en antwoordde
Emma looked him straight in the eyes and answered

zelfverzekerd: "Ik snap wat je bedoelt, maar ik ga
confidently I understand what you mean but I go

regelmatig naar Tivoli hoor. Ik heb daar nooit problemen gehad."
regularly to Tivoli hear I have there never issues had
you know

De uitsmijter fronste. "Is dat zo?"
The bouncer frowned Is that so

"Ja zeker," vervolgde Emma. "En ik heb gehoord dat 'De Roze
Yes surely continued Emma And I have heard that The Pink

Jungle' nog veel beter is! Dus daarom zijn we hier, ik wil
Jungle still much better is So therefore are we here I want

gewoon een super leuke avond hebben!"
simply a super nice evening have

Er verscheen een lichte glimlach op het gezicht van de
There appeared a light smile on the face of the

uitsmijter. "Nou, als je het vaker hebt gedaan... Wees
bouncer Now if you it more often have done Be

voorzichtig, oké?"
carefully okay

"Dat zal ik zeker zijn, dank je!" zei Emma met een dankbare
That shall I surely be thank you said Emma with a grateful

glimlach.
smile

Ik was onder de indruk van Emma's woorden en hoe
I was under the impression of Emma's words and how
- - impressed by

gemakkelijk ze de situatie naar haar hand zette. Ze had een
easily she the situation to her hand set She had an

onmiskenbaar talent om door moeilijke situaties te
unmistakable talent for through difficult situations to

manoeuvreren, iets wat ik enorm bewonderde. Met een
maneuver something what I hugely admired With a
that

gevoel van trots op mijn nieuwe vriendin stapten slash rolden we
feeling of pride on my new girlfriend stepped slash rolled we
for

de nachtclub binnen, klaar voor wat de avond ons zou
the nightclub inside ready for what the evening us would
whatever

brengen.
bring

Binnen was het druk en het verplaatsen met een rolstoel was
Inside was it busy and the moving with a wheelchair was
moving around

inderdaad wat lastig. Toen we ons door een
indeed what problematic When we ourselves through a
somewhat

groepje dronken jongens wrongen, kreeg Emma per ongeluk wat
little group drunk boys wrung got Emma per accident what
pressed accidentally some

bier over zich heen. "Kijk uit je doppen!" zei ik boos tegen
beer over herself to Look out your caps said I angrily to
- Watch out

de jongen die het morste.
the boy who it spilled

Bij de bar kon Emma niet met de barman praten, en op mijn
At the bar could Emma not with the bartender talk and at my

onhandige aanbod haar op de barstoel te tillen zei ze dat ik
clumsy offer her on the bar stool to lift said she that I

het gesprek maar moest doen. Met enige schroom bestelde
the conversation but must do With some hesitation ordered
just would have to

ik twee cola's voor ons. We probeerden boven de muziek uit te
I two colas for us We tried above the music out to

praten, maar konden elkaar nauwelijks verstaan. Ik keek naar
talk but could each other hardly hear I looked at

de dansvloer waar wat jongens en vooral meisjes aan het
the dance floor where some boys and especially girls on the

dansen waren en dacht bij mezelf dat ik me niet kon
dancing were and thought at myself that I myself not could

voorstellen daar zelf te staan.
imagine there self to stand
myself

Ik wist dat mijn oude vriendinnen groep steeds vaker af
I knew that my old girlfriends group continually more often down
of

en toe uit ging maar ik had hun uitnodigingen zo vaak met een
and to out went but I had their invitations so often with an
on

smoes afgeslagen dat ze me inmiddels niet meer mee vroegen.
excuse rejected that they me meanwhile not more along asked
anymore

Ik wist dat ze dachten dat ik niet ging omdat ze aannamen
I knew that they thought that I not went because they assumed

dat ik moslim ben maar het gaat er eigenlijk om dat ik
that I muslim am but it goes there actually about that I
is

altijd liever wilde studeren of lezen, en vooral ook dat ik
always rather wanted to study or read and especially also that I

geen idee heb wat ik in een café of nachtclub zou moeten
no idea have what I in a café or nightclub would must
have to

doen.
do

Uiteindelijk, na wat aarzelen, vroeg ik de barman of hij
In the end after some hesitating asked I the bartender if he

Yasmina ook kende, “Een transvrouw, ze droeg vaak een
Yasmina also knew A transwoman she wore often a

luipaardmotief? Ze zou hier vaak geweest zijn tot een paar
leopard pattern She would here often been be until a few
have been -

jaar terug.”
year back

Hij haalde zijn schouders op en zei dat hij hier pas zes
He hauled his shoulders up and said that he here only six
shrugged - - -

maanden werkte, maar dat er volgende vrijdag een 'oude rot
months worked but that there next Friday an old rot
experienced

in het vak' zou zijn die haar waarschijnlijk kende.
in the trade would be who her probably knew
employee

Terwijl we aan de bar stonden, voelde ik een hand op mijn
While we at the bar stood felt I a hand on my

schouder. Ik draaide me om en stond oog in oog met een
shoulder I turned myself around and stood eye in eye with a

paar oudere jongens die grijnzend naar me keken. Eén van hen
few older boys who grinning at me looked One of them

leunde naar voren en vroeg: "Hé, schatje, kom je hier
leaned to the front and asked Hey cutie come you here

vaker?"
more often

Ik voelde me ongemakkelijk onder zijn blik en probeerde een
I felt myself uncomfortable under his glance and tried a

stap terug te doen, maar een andere jongen blokkeerde mijn weg.
step back to do but an other boy blocked my away

"Wat drink je, mooie dame? Kan ik je trakteren op iets
What drink you beautiful lady Can I you treat on something

speciaals?"
special

Ik probeerde Emma's blik te vangen, die een paar meter
I tried Emma's glance to catch who a few meter(s)

verderop vastzat in haar rolstoel, duidelijk geïrriteerd door de
further was stuck in her wheelchair clearly irritated by the

situatie. De jongens merkten haar niet eens op.
situation The boys marked her not even on
noticed -

"Laat me met rust," zei ik, mijn stem trillend van ergernis.
Let me with rest said I my voice trembling of annoyance
Leave - alone

De eerste jongen lachte. "Kom op, schatje, we willen alleen maar
The first boy laughed Come on cutie we want only but
just

wat plezier. Je ziet eruit alsof je wel wat gezelschap
some pleasure You see there-out as if you indeed some company
look - like

kunt gebruiken."
can use

Ik voelde mijn irritatie groeien. Dit was niet hoe ik me de
I felt my irritation grow This was not how I myself the

avond had voorgesteld. Ik wilde gewoon wat informatie over
evening had imagined I wanted simply some information about

Yasmina, niet lastiggevallen worden door een stel onbeschofte
Yasmina not harassed become by a bunch (of) rude

kerels. Toen Emma me met haar blik vroeg of ik hulp nodig
blokes When Emma me with her glance asked if I help necessary

had, had ik genoeg. Ik duwde me door de jongens heen,
had had I enough I pushed myself through the boys -to-

vastbesloten om bij mijn vriendin te blijven en deze
decided for with my girlfriend to remain and this

onaangename confrontatie achter me te laten. "Ik ben hier al
unpleasant confrontation behind me to leave I am here already

met iemand," zei ik, zonder ze aan te kijken. Ik ging dicht
with someone said I without them at to look I went close

tegen Emma staan en achter me dropen de jongens af.
against Emma stand and behind me dripped the boys off
walked away (pejoratively)

Buiten de club vertelde ik Emma dat we volgende vrijdag
Outside the club told I Emma that we next Friday

misschien iemand zouden kunnen vinden die meer wist. We
maybe someone would be able to find who more knew We

besloten ons eerst op onze examens te richten.
decided ourselves first on our exams to focus

De volgende dag, zondag, studeerden we weer samen. De dagen
The next day Sunday studied we again together The days

daarna ging ik naar al mijn examens en zag ik Emma aan de
there-after went I to all my exams and saw I Emma on the

andere kant van de klas zitten, net als iedereen geconcentreerd
other side of the class sit just like everyone concentrated

op haar examen.
on her exam

Een Avondje Uit
A Little Evening Out

Na het afronden van mijn examens, stond ik met een groepje
After the finishing of my exams stood I with a little group

vriendinnen in de gang van de school. We praatten levendig
girlfriends of friends in the hallway of the school We talked lively

over de examenvragen. Katja, altijd de meest uitbundige van ons,
about the exam questions Katja always the most exuberant of us

begon met een dramatische zucht. "Hebben jullie die vragen
began with a dramatic sigh Have you those questions

van wiskunde B gezien? Ik bedoel, die integratievragen waren
of math B seen I mean those integration questions were

gewoon absurd!"
simply absurd

Ik knikte instemmend, hoewel ik eigenlijk vond dat het wel
I nodded in agreement although I actually found thought that it indeed

meeviel. "Ja, echt heftig," zei ik, proberend mijn stem
was not so bad Yes really severe said I trying my voice

zorgelijk te laten klinken, terwijl ik toevoegde, "en die
worried to let sound while I added and that what about

scheikunde dan? Met die complexe reactievergelijkingen, ik wist
chemistry then With those complex reaction equations I knew
-

bijna niet waar ik moest beginnen!"
almost not where I must begin

Emma, die wat op de achtergrond in haar rolstoel zat, keek
Emma who what on the background in her wheelchair sat looked
a little in watched

toe met een licht geamuseerde blik en ik probeerde haar in
to with a slightly amused glance and I tried her in
-

het gesprek te trekken. "Emma, hoe vond jij
the conversation to draw Emma how found you
what did think about

natuurkunde? Die vragen over elektriciteit waren best
physics Those questions about electricity were rather

lastig, toch?"
bothersome indeed

Emma, die normaal gesproken niet veel zei, antwoordde: "Oh,
Emma who normally spoken not much said answered Oh
usually -

die vond ik wel meevallen. Maar Informatica was een
those found I well fall along But computer science was a
- not so bad

uitdaging, vooral die vraag waar je iets moest
challenge especially that question where you something must

programmeren." Ze zei het zowaar zonder dat ik een spoor van
program She said it so-true without that I a trail of
actually

sarcasme kon ontdekken.
sarcasm could discover

"Echt waar? Ik vond Informatica juist makkelijk!" riep
Really true I found computer science on the contrary easy called

Katja uit, terwijl ze haar haar achter haar oor streek.
Katja out while she her hair behind her ear stroke
pushed

"Ik vond Engels wel gaan," mengde een ander meisje zich in
I found English well go mixed an other girl herself in
thought - was ok

het gesprek. "Maar bij Frans en Duits, mijn god, die teksten
the conversation But at French and German my god those texts

waren zo lang en gecompliceerd!"
were so long and complicated

"Ja inderdaad," zei ik, terwijl ik een blik van verstandhouding
Yes indeed said I while I a glance of understanding

wisselde met Emma. "Vooral die Duitse grammatica, zo
exchanged with Emma Especially that German grammar so

verwarrend."
confusing

Emma knikte, een glimlach speelde rond haar lippen. "Ja,
Emma nodded a smile played around her lips Yes

talen zijn een beetje lastig, die nieuwe woorden en al
languages are a bit (of a) bother those new words and all

die regels. Maar veel oefenen helpt, daar zijn trouwens ook
those rules But much practice helps there are by the way also

apps voor."
Apps for

Terwijl we daar stonden, pratend en lachend over de examens,
While we there stood talking and laughing about the exams

voelde ik weer een zekere vriendschap die ik de laatste weken
felt I again a certain friendship that I the last weeks

door al het studeren een beetje kwijt was geraakt. Het was
through all the studying a little bit lost was gotten It was

fijn om weer even onderdeel te zijn van deze groep, en om
nice for again a bit part to be of this group and for

Emma, die normaal wat gereserveerd was, te zien opbloeien in
Emma who normally what reserved was to see blossom in
a bit

het gesprek. Het leek erop dat zij ook haar draai
the conversation It looked there-(up)on that she also her turn
like it at ease

begon te vinden bij mijn vriendinnen.
began to find with my girlfriends
started feel

Terwijl het gesprek zich van de examens naar vriendjes en
While the conversation itself from the exams to boyfriends and

het eindfeest van volgende week verplaatste, greep ik mijn kans.
the final party of next week moved on grabbed I my chance

"Willen jullie vanavond met mij en Emma naar 'De Roze Jungle'
Want you tonight with me and Emma to The Pink Jungle

gaan?" stelde ik voor. "Nu de examens voorbij zijn, kunnen we
go set I before Now the exams past are can we
proposed - Now that

wel wat ontspanning gebruiken."
indeed some relaxation use

Mijn vriendinnen reageerden enthousiast en we besloten om
My girlfriends responded enthusiastically and we decided to
friends

eerst bij Katja thuis af te spreken, dan naar de club te gaan,
first at Katja at home off to speak then to the club to go
\- meet

en uiteindelijk bijna allemaal bij Katja te logeren.
and in the end almost all at Katja to stay over

Voor de zekerheid liet ik mijn ouders weten dat ik bij Katja een
For the certainty let I my parents know that I at Katja a
Just to be sure

film ging kijken en daarna zou blijven slapen. Ik hoopte maar
film went look and there-after would remain sleep I hoped but
just

dat mijn ouders niet die van Katja zouden bellen maar ik had
that my parents not those of Katja would call but I had

het vermoeden dat ze het wel eens fijn zouden vinden om
the suspicion that they it well once nice would find to
for once - like

alleen thuis te zijn. "Zolang je maar om elf uur even
alone at home to be So long you but at eleven hour a moment
As long as - o'clock

opbelt en dan gaat slapen!" waarschuwde mijn moeder.
call and then go to sleep warned my mother

In tegenstelling tot mijn huis is Katja's huis gigantisch. Bij
In opposition to my house is Katja's house gigantic At
As opposed

aankomst hielpen we, na een kort en verwarrend moment van
arrival helped we after a short and confusing moment of

aarzeling, Emma samen de trap op. Het was op geen enkele
hesitation Emma together the stairs up It was on no single
in at all

manier raar of beschamend en Emma giegelde en ze maakte
way weird or embarrassing and Emma giggled and she made

een grapje dat ik zo sterk was. In Katja's kamer wachtte ons
a joke that I so strong was In Katjas room awaited us

een avond van omkleden, make-up aanbrengen en, vooral
an evening of change of clothes makeup applying and especially

voor mijn vriendinnen die meer van uitgaan hielden,
for my girlfriends who more of going out held
friends - loved

voorpret.
happy anticipation

Mijn vriendinnen besteedden veel aandacht aan hun make-up, en
My girlfriends spent much attention on their makeup and
friends

zelfs Emma en ik ontkwamen er niet aan. Ik voelde me
even Emma and I escaped there not to I felt myself

onwennig toen ze ook bij mij aan de slag gingen, maar ik
not used to it when they also with me on the beat went but I
to - work

moest toegeven dat het resultaat er mocht zijn.
must admit that the result there might be
good - was

Merel wist mijn steile haar zo toe te takelen dat ik van
Merel knew my straight hair so to to hoist that I of
managed - manhandle

bewondering mijn adem inhield toen ik eindelijk een plekje voor
admiration my breath held in when I finally a spot before

de spiegel had veroverd. Mijn gezicht werd nu aan beide
the mirror had conquered My face became now on both

kanten versierd met twee losse haarslierten in een krul en de
sides decorated with two loose hair strands in a curl and the

rest van mijn lange haar was in een op het oog slordige maar
rest of my long hair was in an on the eye messy but
at first look

tegelijkertijd heel hippe knot boven achter vastgemaakt. “Merel,
at the same time very trendy bun above behind attached Merel

hoe doe je dat!” En Emma met oogschaduw en lipgloss
how do you (do) that And Emma with eyeshadow and lip gloss

zag eruit als een filmster. Ik kon mijn ogen bijna niet
looked there-out like a movie star I could my eyes almost not
-

van haar gezicht losmaken.
from her face loose-make

De stemming werd nog uitbundiger toen Katja met rum en
The atmosphere became still more exuberant when Katja with rum and

cola begon te mixen. Toen ze mij een glas aanbood, weigerde ik
cola began to mix When she me a glass offered refused I

beleefd. "Oh ja, jij bent moslim," reageerde één van mijn
politely Oh yes you are muslim responded one of my

vriendinnen, half plagerig. Ik glimlachte enkel en dacht bij
girlfriends half teasing I smiled only and thought with
friends

mezelf dat het meer om mijn gezondheid ging dan om mijn
myself that it more about my health went then about my

geloof.
belief

Mijn vader en moeder gingen zowiezo al niet meer naar de
My father and mother went anyway already not more to the
anymore

moskee, alhoewel ze tegenover mijn opa en oma de
mosque although they against my grandpa and grandmother the

schijn ophielden dat ze nog gelovig waren. Zelf had ik
appearance up-held that they still religious were Myself had I

er eigenlijk nooit over nagedacht, maar het afgelopen jaar had
there actually never about reflected but the last year had

ik beseft dat ik niet geloof in een god of iets
I realized that I not believe in a god or something

bovennatuurlijks. Ik denk dat ik daar te nuchter voor ben. Je
supernatural I think that I there too sober for am You
practical

staat zelf in het leven en je goede of kwade daden zijn ook
stand self in the life and your good or bad deeds are also

een keuze van jezelf. En de enige verantwoording die je hebt
a choice of yourself And the only accountability that you have

af te leggen is tegenover de mensen die je goed of kwaad
off to lay is against the people that you good or evil

hebt gedaan. En de politie natuurlijk.
have done And the police of course

Tot mijn verbazing nam Emma wel een glas met rumcola
To my surprise took Emma indeed a glass with rumcola
accepted

aan. Ze was tenslotte al achttien, maar het verraste me toch.
on She was after all already eighteen but it surprised me still
-

Ik voelde me een beetje buitengesloten toen mijn vriendinnen
I felt myself a little bit locked out when my girlfriends
left out friends

Emma complimenten gaven dat ze er zo cool uit zag met
Emma compliments gave that she there so cool out saw with
- -- looked

een glas in haar hand, en iedereen een beetje aangeschoten
a glass in her hand and everyone a little bit tipsy

raakte.
became

Daar zat ik dan, de enige nuchtere in de groep, maar ik
There sat I then the only sober (one) in the group but I

bleef bij mijn keuze. Ik was zeker genoeg van mezelf om
remained with my choice I was sure enough of myself for

mijn standpunt te handhaven, ook al voelde ik me een
my position to maintain also already felt I myself a
even though

beetje buitengesloten. Het was mijn persoonlijke beslissing, en ik
little bit locked out It was my personal decision and I
left out

respecteerde die van de anderen, net zoals ik hoopte dat zij
respected that of the others just like I hoped that they

de mijne respecteerden.
the mine respected

–

Later die avond gingen we samen naar de nachtclub 'De Roze
Later that evening went we together to the nightclub The Pink

Jungle'. De uitsmijter herkende Emma en mij en liet ons met
Jungle The bouncer recognized Emma and me and let us with

een brede glimlach binnen. "Daar zijn ze weer, het
a wide smile inside There are they again the

Marokkaans-Nederlandse Detective Bureau!"
Moroccan-Dutch Detective Agency

Katja keek me aan met een frons en ik haalde
Katja looked me at with a frown and I hauled
shrugged

mijn schouders op, "Ouwe hap, flauwe grap," verzon ik ter
my shoulders up Old bite bland joke made up I on the
\- chap

plekke een nieuw spreekwoord, en ik liep snel de club in
spot a new proverb and I walked quickly the club in

achter Emma aan, die voor ons uit rolde.
behind Emma on who before us out rolled
\-

Eenmaal binnen bleven mijn vriendinnen en ik dicht bij
Once inside remained my girlfriends and I close to
friends

elkaar terwijl we ons een weg baanden door de menigte.
each other while we ourselves a way baanden through the crowd
cleared

Een paar onbekende jongens probeerden onze aandacht te trekken,
A few unknown boys tried our attention to draw

maar we wuifden hen weg. Ik voelde me opgelucht dat ik
but we waved them away I felt myself relieved that I

deze keer met mijn vriendinnen was en niet dezelfde nare
this time with my girlfriends was and not the same nasty
friends

ervaring zou hebben als de vorige keer. Bovendien dacht ik
experience would have as the last time On top of that thought I

dat ik snel weg kon nadat ik de benodigde informatie van
that I quickly away could after I the needed information from
could go

de barkeeper had verkregen. Dan maar geen logeerpartij bij Katja.
the bartender had obtained Then but no sleepover at Katja
just

Hopelijk wilde Emma mee.
Hopefully wanted Emma along
would also want to leave

Helaas bleek dat de 'oude' barkeeper, die we nodig
Alas turned out that the old bartender who we necessary

hadden, pas over twee uur zou beginnen. Dus besloten we te
had only in two hour(s) would begin Thus decided we to

wachten. Al snel werden we benaderd door een groep
wait Already quickly became we approached by a group

jongens van onze school. Mijn vriendinnen en zelfs Emma
(of) boys from our school My girlfriends and even Emma
friends

raakten al snel in een levendig gesprek verwikkeld,
touched already quickly in a lively conversation engaged
got

waardoor ik me weer enigszins buitengesloten voelde.
where-through I myself again somewhat locked out felt
so that left out

Eén van de jongens, Tim, begon met mij te praten. Hij was
One of the boys Tim began with me to talk He was

best knap, maar ik voelde niets voor hem. Het enige wat
surely handsome but I felt nothing for him The only what
only thing that

me opviel was hoe het speeksel uit zijn mond vloog terwijl hij
me fell-up was how the saliva from his mouth flew while he
I noticed

sprak. Ik probeerde beleefd te blijven, maar voelde me steeds
spoke I tried polite to remain but felt myself continually

ongemakkelijker.
more uncomfortable

Op dat moment kwam Emma mij redden. "Zullen we gaan
At that moment came Emma me rescue Shall we go

dansen?" vroeg ze enthousiast. Ik aarzelde even, niet zeker
dance asked she enthusiastically I hesitated for a moment not sure

wat dat betekende voor iemand in een rolstoel, maar besloot
what that meant for someone in a wheelchair but decided

toen dat het tijd was voor wat plezier.
then that it time was for some fun

Op de dansvloer was ik onder de indruk van hoe behendig
On the dance floor was I under the impression of how deftly
- - impressed

Emma haar rolstoel bewoog. Ze leek wel een professionele
Emma her wheelchair moved She seemed well a professional
indeed

rolstoelbasketballer. Mijn vriendinnen en de jongens van
wheelchair basketball player My girlfriends and the boys from
friends

school voegden zich bij ons, en voordat ik het wist, was
school joined themselves to us and before I it knew was

het tijd om naar de bar te gaan; de twee uur waren voorbij
it time for to the bar to go the two hour(s) were past
had gone by

gevlogen.
flown
superfast

Ik snelde naar de bar, gevolgd door Emma, en vroeg de nieuwe
I rushed to the bar followed by Emma and asked the new

barkeeper naar Yasmina, een transvrouw die tot drie jaar
bartender to Yasmina a transwoman who until three year
after years

geleden vaak hier kwam en voor juwelendiefstal was opgepakt.
ago often here came and for jewelry theft was arrested

"Oh ja, Yasmina," zei hij zonder aarzelen, met een glimlach. "Ze
Oh yes Yasmina said he without hesitating with a smile She

was altijd heel gezellig, maar ging helaas met de verkeerde
was always very sociable but went alas with the wrong
got involved

mensen om. Zij moeten haar op een of andere manier bij
people around They must her on one or another way with
-

die diefstal betrokken hebben."
that theft involved have

“Wat bedoel je met 'verkeerde mensen'?” vroeg ik, meteen
What mean you with wrong people asked I immediately

realiserend hoe onnozel ik klonk.
realizing how silly I sounded

Hij haalde zijn schouders op en knikte met zijn hoofd naar de
He hauled his shoulders up and nodded with his head to the
shrugged -

jonge mannen die ons het weekend ervoor hadden lastiggevallen.
young men who us the weekend before had harassed

"Hun bendeleider had een oogje op haar, Sami Amhali," voegde
Their gang leader had a little eye on her Sami Amhali joined
- - liked - added

hij er behulpzaam aan toe. “Die kwam hier ook vaak.”
he there helpfully on to That one came here also often
- - -

Ik voelde gelijk de stress opkomen van de week ervoor.
I felt immediately the stress come up from the week before
rise

“Issie hier?” vroeg ik en ik kon niet voorkomen dat het een
Is-he here asked I and I could not prevent that it a

beetje angstig klonk.
little bit fearful sounded

“Nee, ik geloof dat ie problemen heeft met de politie ofzo,
No I believe that he issues has with the police or so
or something

hij houdt zich koest de laatste tijd.”
he keeps himself quiet the last time
- lately -

Dit was zowel goed als slecht nieuws. Ik had een nieuwe
This was both good as bad news I had a new

aanwijzing, maar het was een lastige om te volgen of te
clue but it was a tricky for to follow or to
tricky one

ontrafelen. Ik kon moeilijk op een bendeleider afstappen en
unravel I could difficult on a gang leader step-off and
hardly to step up

vragen of ie Yasmina er in geluisd had.
ask if he Yasmina there in loused had
- - framed

Ik vertelde Emma wat de barkeep me had verteld. “Dit gaat
I told Emma what the barkeep me had told This goes

boven onze pet!” zei ik, een beetje wanhopig.
above our cap said I a little bit desperate
paygrade

Ze fronste en haalde toen haar schouders op. “We komen er
She frowned and hauled then her shoulders up We come there
shrugged - - - will manage

wel uit,” zei ze, “maar nu zijn we samen uit!”
well out said she but now are we together out
-

Ik schudde mijn hoofd, “Dat kan je beter Emma, verzin maar
I shook my head That can you better Emma make up just

wat nieuws!”
something new

“Ok Imane, als we dan toch 'samen uit' zijn, laten we dan
Ok Imane if we then still together out are let us then

'uitvinden' wat er gebeurd is," grapte ze.
find out what there happened is joked she

“Nauwelijks beter, maar anywayyy, zullen we niet gaan? Het is
Hardly better but anywayyy will we not go It is

al laat weet je, wat moeten we hier nog verder?”
already late know you what must we here still further

Op mijn laconieke voorstel dat we nu wel naar huis konden
On my laconic proposal that we now well to house could
indeed - home could go

keek Emma een beetje verbaasd. “We gingen toch bij Katja
looked Emma a little bit surprised We went indeed at Katja

logeren?” zei ze.
sleep over said she

“Oh ja,” zei ik, pretenderend dat ik dat vergeten was, en ik
Oh yes said I pretending that I that forgotten was and I
had

voelde mijn schouders hangen.
felt my shoulders hang
sag

Maar Emma bleef haar blije zelf en vroeg, “Vond je dat
But Emma remained her happy self and asked Found you that
Thought

geen leuke naam van die uitsmijter? Marrokaans-Nederlands
not nice name from that bouncer Morrocan-Dutch
a nice by

Detective Bureau?"
Detective Agency

"Een beetje saai, en waar bemoeit die vent zich mee?"
A little bit boring and where meddles that guy himself with
in

antwoordde ik, maar ik moest toch glimlachen.
answered I but I must still smile
had to

"Dit is pas onze eerste zaak!" verkondigde Emma. "Laten we het
This is only our first case proclaimed Emma Let us it

vieren! Twee rumcola!" riep ze naar de barman.
celebrate Two rumcola called she to the bartender

Ik wilde haar onderbreken, maar liet het gaan. En de rest van
I wanted her interrupt but let it go And the rest of

de avond stond ik met haar en mijn vriendinnen te kletsen,
the evening stood I with her and my girlfriends to chat
friends

met hetzelfde glas in mijn handen waar ik geen slok van dronk.
with the same glass in my hands where I not sip from drank
a sip

Op de terugweg naar Katja's huis bespraken Emma en ik onze
On the way back to Katjas house discussed Emma and I our

eerste zaak. We hadden allebei geen idee wat we nu moesten
first case We had both no idea what we now must
had to

doen en voelden ons een beetje verloren. Het mysterie
do and felt ourselves a little lost The mystery

werd steeds ingewikkelder, en ik wist niet zeker of we
became continually more complex and I knew not for sure if we

dichter bij de waarheid kwamen of juist verder ervan verwijderd
closer to the truth came or just farther from it distanced

raakten.
got

Onverwachte Wendingen

Unexpected Turns

Het was een typische middag in het Marokkaanse restaurant van
It was a typical afternoon in the Moroccan restaurant of

mijn oom, waar ik hielp met het bedienen van de tafels. De
my uncle where I helped with the serving of the tables The

geuren van kruiden en gegrilde gerechten zoals tajine, couscous,
smells of herbs and grilled dishes like tagine couscous

kefta, en harira vulden de ruimte, terwijl de zachte klanken van
kefta and harira filled the space while the soft sounds of

populaire Marokkaanse muziek van artiesten zoals Saad Lamjarred,
popular Moroccan music of artists like Saad Lamjarred

Zina Daoudia en Douzi op de achtergrond speelden. Het
Zina Daoudia and Douzi on the background played The

restaurant was nog niet al te druk, maar wel gezellig, met een
restaurant was still not all too busy but well cosy with a
it was

mix van Nederlandse en Marokkaanse klanten die genoten van
mix of Dutch and Moroccan customers who enjoyed of
-

de authentieke sfeer.
the authentic atmosphere

Terwijl ik tussen de tafels doorliep met een dienblad vol
While I between the tables through-walked with a tray full

muntthee en baklava, kwam mijn collega Omar naar me toe.
(of) mint tea and baklava came my colleague Omar to me towards
up to -

"Ik hoorde van een vriend dat hij je gisteravond in 'De Roze
I heard of a friend that he you last night in The Pink

Jungle' had gezien," zei hij met een plagerige glimlach. "Ik had
Jungle had seen said he with a teasing smile I had

niet verwacht dat jij daarheen zou gaan."
not expected that you there would go

Ik voelde mijn wangen warm worden en antwoordde snel, "Oh,
I felt my cheeks warm become and answered quickly Oh

ik zou vaker gaan als ik niet zo druk was met studeren en
I would more often go if I not so busy was with study and

werken."
work

Na mijn dienst haastte ik me naar de Hema voor een koffie
After my service hurried I myself to the Hema for a coffee

met Hafsa. We zaten aan een klein tafeltje, omringd door het
with Hafsa We sat at a small little table surrounded by the

geroezemoes van winkelend publiek. Ik vertelde haar over de
murmur of shopping public I told her about the
people

connecties van Yasmina met een bende, misschien stiekem hopend
connections of Yasmina with a gang maybe secretly hoping

op een complimentje.
on a little compliment
for

Tot mijn schrik reageerde Hafsa woedend. "Dus je denkt dat
To my scare shock responded Hafsa furiously So you think that

mijn moeder bij een bende zat? Hoe durf je!" Haar stem trilde
my mother with a gang sat was How dare you Her voice shook

van woede. "Ik heb liever dat je stopt met je onderzoek als
of anger I have rather that you stop with your investigation if

je het toch alleen maar erger maakt voor haar." Ze stond op
you it still only just worse make for her She stood up

en verliet de Hema, mij achterlatend in een staat van shock en
and left the Hema me leaving behind in a state of shock and

verwarring.
confusion

Terug in het restaurant, voelde ik me verslagen en negeerde
Back in the restaurant felt I myself beaten and ignored

de pogingen van Omar om de stemming te verlichten met zijn
the attempts of Omar for the atmosphere to light up with his

grappen. De rest van mijn dienst verliep in een waas, terwijl ik
jokes The rest of my service went in a haze while I

mechanisch de klanten bediende.
mechanically the customers served

Aan het einde van de middag kwam Emma het restaurant
At the end of the afternoon came Emma the restaurant

binnen, geholpen door Omar die de deur voor haar opende en
inside helped by Omar who the door for her opened and

haar over de belachelijk hoge drempel duwde, zich
her over the ridiculously high threshold pushed himself

verontschuldigend voor het ongemak.
apologizing for the inconvenience

"Ik zou heel graag een keer Marokkaans eten willen proberen,"
I would very much one time Moroccan food want to try

zei Emma vrolijk, zoals gebruikelijk alle problemen weglachend.
said Emma cheerfully like usual all issues away-laughing

Ik leidde haar naar een rustig hoekje van het restaurant, waar
I led her to a quiet corner of the restaurant where

we samen aan een tafel gingen zitten. Omar en een ander
we together at a table went sit Omar and an other

meisje, dat mijn dienst overnam, bedienden het steeds drukker
girl who my service took over served the continually busier

wordende restaurant.
becoming restaurant

Terwijl we wachtten op ons eten, bespraken we de zaak. "Hafsa
While we waited on our food discussed we the case Hafsa

werd boos op me toen ik haar vertelde over de dingen die
became angry at me when I her told about the things that

we hadden uitgevonden in de nachtclub," zei ik, terwijl ik mijn
we had found out in the nightclub said I while I my

teleurstelling probeerde te verbergen.
disappointment tried to hide

Emma luisterde aandachtig en knikte begrijpend. "Da's vast
Emma listened attentively and nodded understanding That's probably

moeilijk voor haar om te horen," zei ze zacht. "Misschien ziet
difficult for her for to hear said she soft Maybe sees
quietly accepts

ze de waarheid niet onder ogen omdat het te pijnlijk is. Maar
she the truth not under eyes because it too painful is But
dare see

we kunnen niet stoppen, Imane. We moeten uitvinden wat er
we can not stop Imane We must find out what there

is gebeurd, voor Yasmina maar ook voor Hafsa zelf. Op zijn
is happened for Yasmina but also for Hafsa herself On its
has

slechtst is je tante niet alleen verantwoordelijk en krijgt ze
worst is your aunt not alone responsible and gets she

strafvermindering, en op z'n best komt ze misschien zelfs vrij
sentence reduction and on its best comes she maybe even free
will go

als we de echte dader vinden!"
if we the real perpetrator find

Ik knikte, de vastberadenheid van Emma voelend. "Je hebt gelijk.
I nodded the determination of Emma sensing You have right
are

We kunnen niet opgeven nu we zo ver zijn gekomen."
We can not give up now we so far are come
have

Het eten kwam, en terwijl we genoten van de tajine met kip
The food came and while we enjoyed of the tagine with chicken
-

en gekonfijte citroen, bespraken we onze volgende stappen. We
and candied lemon discussed we our next step We

moesten voorzichtig zijn, maar in ieder geval door blijven gaan
must careful be but in any case through remain go
had to

met onze zoektocht naar de waarheid.
with our search to the truth
for

De avond vorderde, en het restaurant vulde zich met het
The evening advanced and the restaurant filled itself with the

geroezemoes van gesprekken en het gelach van klanten. Terwijl
murmur of conversations and the laughter of customers While

ik daar zat met Emma, voelde ik een hernieuwde energie en
I there sat with Emma felt I a renewed energy and

vastberadenheid. We zouden deze zaak oplossen,
determination We would this case solve

wat er ook voor nodig was.
what there also for necessary was
no matter what

Toen het wat rustiger werd in het restaurant en Emma en
When it what calmer became in the restaurant and Emma and
somewhat

ik op het punt stonden om te vertrekken, kwam Omar naar
I on the point stood for to leave came Omar to
- - just about were - up to

ons toe. "Ik hoorde jullie praten over Sami Amhali," zei hij
us towards I heard you talk about Sami Amhali said he
-

voorzichtig. "Wat willen jullie met hem? Sommige jongens in zijn
carefully What want you with him Some guys in his

bende zijn echt slechte mensen. Ze groomen meisjes weet je
gang are really bad people They groom girls know you

wel, en ze doen andere verkeerde dingen."
well and they do other wrong things

Ik aarzelde even, niet zeker of ik onze speurtocht moest
I hesitated for a moment not sure if I our quest must

delen, maar uiteindelijk besloot ik het verhaal te vertellen. Wie
share but in the end decided I the story to tell Who

weet kon Omar helpen. We gingen weer zitten en ik begon te
knows could Omar help We went again sit and I began to

vertellen over Yasmina en onze zoektocht naar gerechtigheid.
tell about Yasmina and our search to justice
for

Omar luisterde aandachtig. "Een vriend van mij kent wat
Omar listened attentively A friend of mine knows some

mensen in die groep. Ik kan wel uitzoeken waar jullie Sami
people in that group I can well out-search where you Sami
maybe find out

kunnen vinden," bood hij aan.
can find offered he on

Ik keek Emma aan en die knikte natuurlijk, terwijl ze haar
I looked Emma at and that one nodded of course while she her

schouders ophaalde, “Handig toch?”
shoulders up-hauled Handy still
shrugged right

Nadat Emma en ik het restaurant verlieten, en ik met mijn
After Emma and I the restaurant left and I with my

fiets aan mijn hand naast haar rolstoel liep, merkte Emma
bicycle on my hand next to her wheelchair walked marked Emma
remarked

op: "Omar is best wel knap, vind je niet?" Ik voelde een
up Omar is rather well handsome find you not I felt a
- - think

steek van jaloezie, maar probeerde het te verbergen. Waarom
stab of jealousy but tried it to hide Why

zou ik jaloers op Omar zijn? Emma is gewoon een goeie
would I jealous on Omar be Emma is simply a good
of

vriendin, vertelde ik mezelf.
girlfriend told I myself
friend

We praatten verder over de zaak en waren het erover eens
We talked further about the case and were it there-over same
in agreement about it

dat het vinden van Sami zou helpen. “Als Omar hem kent kan
that the finding of Sami would help If Omar him knows can

ie misschien met hem praten,” zei Emma.
he maybe with him speak said Emma

Het idee om de zaak zo uit handen te geven
The idea for the case so out hands to give
- of our hands

stond me niet helemaal aan. “Met ons praten bedoel je! Als die
stood me not totally on With us talk mean you If that
did not appeal to me

Sami mijn tante erin geluisd heeft, wil ik hem dat uit zijn
Sami my aunt there-in loused has want I him that from his
framed

eigen mond horen zeggen. En dan kan ik hem daarna op z'n
own mouth hear say And then can I him there-after on his

bek slaan."
jaw strike
mug

Emma barstte in lachen uit, maar niet op een negatieve manier.
Emma burst in laughter out but not on a negative way

"Goedzo!" zei ze bewonderend, en ze voegde toe, "Daarom
Good-so said she admiringly and she added to Therefore
Good for you there-to

vind ik jou nou zo leuk!"
find I you now so fun
much fun

Gelijk werd ik knalrood en ik zei, "Daar is de bushalte
Right away became I bright red and I said There is the bus stop

al!" wat een beetje dom klonk want dat kon Emma
already what a little bit dumb sounded because that could Emma

zelf ook zien.
herself also see

"Oh," zei Emma die blijkbaar niets opmerkte van mijn
Oh said Emma who apparently nothing noted of my

gevoelens, en al in haar tasje aan het zoeken was, "waar is
feelings and already in her bag on the searching was where is
- -

die stomme OV kaart nou?"
that stupid OV card now
public transport

"Kun je morgen of maandag afspreken?" vroeg ik, een beetje
Can you tomorrow or Monday off-speak asked I a little bit
meet

gerustgesteld dat mijn verlegenheid niet opgevallen was.
reassured that my embarrassment not noticed was

Emma schudde haar hoofd. "Morgen komen mijn oma en
Emma shook her head Tomorrow come my grandmother and

opa langs en volgende week moet ik naar revalidatie therapie
grandpa along and next week must I to rehabilitation therapy
to visit

in Groningen. Ik blijf daar de hele week overnachten."
in Groningen I stay there the whole week overnight

Ik vroeg haar met enige aarzeling of dat betekende dat ze
I asked her with some hesitation whether that meant that she

kon genezen. Emma lachte. "Nee, dat soort therapie is het
could be cured Emma laughed No that kind (of) therapy is it

niet. Die rolstoel is voor het leven hoor. Het is meer om
not That wheelchair is for the life hear It is more for
\- you know

mijn botten en spieren gezond te houden. Ik zit een beetje te
my bones and muscles healthy to keep I sit a little bit too

veel, zoals je misschien hebt gemerkt." Ze knipoogde en ik
much like you maybe have noticed She winked and I

kon het niet helpen, ik moest lachen.
could it not help I must laugh
had to

“Maar kom je wel terug voor het eindejaarsfeest?” vroeg ik toen
But come you well back for the year-end party asked I then

bezorgd, opeens bedenkend dat het komende vrijdag al zou
worried suddenly thinking that it coming Friday already would

zijn.
be

“Tuurlijk!” stelde Emma me gerust, “We gaan toch samen?”
Sure set Emma me to rest We go indeed together
assured -

Toen ik Emma bij de bushalte afzette en de rolstoellift
When I Emma at the bus stop off-set and the wheelchair elevator
dropped

naar beneden kwam, piepte mijn telefoon. Het was een bericht
to down came beeped my phone It was a message
- lowered was

van Omar: hij had al gehoord van zijn vriend waar Sami
of Omar he had already heard from his friend where Sami

uithing. Ik besloot Emma niets te vertellen, aangezien ze toch
hung out I decided Emma nothing to tell seen that she still
since after all

niet kon komen. "Geef me het adres," antwoordde ik Omar.
not could come Give me the address answered I Omar

"Oké, ik haal je morgen op bij je thuis," schreef hij terug.
Okay I fetch you tomorrow up with you at home wrote he back
pick

Ik stemde met tegenzin in, hopend dat Omar het niet
I voiced with reluctance in hoping that Omar it not
agreed with reluctance

verkeerd zou opvatten, alsof het een soort date was. Terwijl
wrong would up-take as if it a kind (of) date was While
would take the wrong way

ik de bus met Emma zag wegrijden, voelde ik een mengeling van
I the bus with Emma saw drive away felt I a mix of

opwinding en zenuwen over wat de volgende dag zou brengen.
excitement and nerves over what the next day would bring

—

De volgende ochtend belde Omar aan. Mijn moeder deed de
The next morning rang Omar on My mother did the
-

deur open en begroette hem enthousiast, aangezien ze hem
door open and greeted him enthusiastically seen that she him
as

kende van het restaurant waar ik werkte. Ze keek van Omar
knew from the restaurant where I worked She looked from Omar

naar mij met een veelbetekenende blik, wat mij zowel irriteerde
to me with a significant glance what me both irritated
which

als in verlegenheid bracht. En ik maar denken dat Omar het
as in embarrassment brought And I but think that Omar it
as well as indeed

verkeerd zou opvatten.
wrong would up-take
the wrong way take

Toen we samen over straat liepen, vertelde Omar dat hij
When we together over (the) street walked told Omar that he

wist waar Sami was, maar hij voegde eraan toe dat hij me
knew where Sami was but he added there-on to that he me
to it -

niet zou toestaan met hem te praten omdat dat "geen
not would allow with him to talk because that no

meisjesding" was. Op dat moment verloor ik mijn geduld. "Ik ben
girl thing was At that moment lost I my patience I am

tot hier gekomen en ik kan prima met iemand praten," beet
until here come and I can fine with someone talk snapped

ik hem toe, maar herinnerde me gelijk mijn stress toen
I him at but remembered myself immediately my stress when

de jonge mannen van Sami's groep me lastig vielen. Dus
the young men of Samis group me bothersome fell So
bothered -

voegde ik voor de veiligheid toe, "Als jij denkt dat je mee
added I for the safety to If you think that you along
just to be sure

moet komen, prima."
must come fine

We namen een bus naar Zuid en kwamen aan bij een groot,
We took a bus to South and came on at a large
arrived -

saai flatgebouw met kleurrijke kleding die buiten te
boring apartment building with colorful clothing which outside to

drogen hing, en kinderen die speelden in een vervallen
dry hung and children who played in a dilapidated

speeltuin. Er stonden een paar oude auto's voor het
playground There stood a few old cars in front of the

gebouw waar wat onguur uitziende types tegenaan hingen. Ik
building where some dodgy looking types against hung I

voelde mijn moed wegzakken, maar dwong mezelf om door te
felt my courage sink but forced myself for through to

gaan.
go

We belden aan bij een deur waarvan de verf afbladderde. Mijn
We called on at a door where-of the paint flaked off My
rang - of which

hart klopte in mijn keel, tot een oude Marokkaanse dame de
heart beat in my throat until an old Moroccan lady the

deur opendeed. Het bleek dat Sami bij zijn oma
door open-did It turned out that Sami at his grandmother
opened

woonde. Ze was erg vriendelijk, bood ons muntthee en
lived She was very friendly offered us mint tea and

Marokkaans snoepgoed aan, wat ik erg lekker vond.
Moroccan candy on what I very nice found
-

Ze zei dat Sami elk moment thuis kon zijn, en inderdaad,
She said that Sami each moment at home could be and indeed

even later kwam hij binnen, gekleed in het uniform van een
a moment later came he inside dressed in the uniform of a

fastfoodketen genaamd O'Slurries. Het dreigende beeld dat ik van
fast food chain named O'Slurries The impending image that I from

hem had, verdween volledig.
him had disappeared fully

Sami probeerde eerst de grote man uit te hangen, "Wat moeten
Sami tried first the big man out to hang What must
- play want

jullie hier?" vroeg hij agressief, zich oprichtend in zijn volle
you here asked he aggressively himself straightening up in his full

één meter zestig.
one meter sixty

Maar zijn oma maande hem tot vriendelijkheid. "Wees
But his grandmother ordered him to friendliness Be
be friendly

aardig, anders vind je nooit een vriendin," zei ze streng en
nice otherwise find you never a girlfriend said she severe and

Sami kreeg zowaar een kleur. Blijkbaar was ik niet de enige
Sami got actually a color Apparently was I not the only (one)

die zo kon blozen.
who so could blush

Hij werd wat vriendelijker, maar gaf nog steeds korte
He became a little more friendly but gave still continually short

antwoorden toen ik hem naar Yasmina vroeg. Maar uit zijn
answers when I him to Yasmina asked But from his
after

gezichtsuitdrukking kon ik opmaken dat hij waarschijnlijk erg op
facial expression could I deduce that he probably much on

haar gesteld was geweest, misschien zelfs verliefd. Ik wist niet
her set was been maybe even in love I knew not
fond had

goed wat ik daarvan moest vinden. Zelfs al was mijn tante
good what I there-from must find Even although was my aunt
think

Yasmina gescheiden nadat ze was gaan leven naar haar ware
Yasmina divorced after she was go live to her true
after

innerlijke geslacht, ik voelde nog steeds loyaliteit richting mijn
inner sexuality I felt still continually loyalty towards my

eh, andere tante.
eh other aunt

"Kende Yasmina misschien 'verkeerde' mensen?" vroeg ik, terwijl ik
Knew Yasmina maybe wrong people asked I while I

weer eens rood werd omdat ik eerder had aangenomen dat
again once red became because I earlier had assumed that

Sami de 'verkeerde' persoon was.
Sami the wrong person was

Hij vertelde dat hij haar buiten de club had gezien met een
He told that he her outside the club had seen with a

Nederlandse man met een litteken op zijn oog. Toen ik dat
Dutch man with a scar on his eye When I that

hoorde ging gelijk een belletje rinkelen in mijn hoofd, ik
heard went right away a little bell ring in my head I

herinnerde me de jonge blonde man op de foto aan de muur,
remembered me the young blond man on the photo on the wall

die ik in het kantoor van mijn oom had gezien.
that I in the office of my uncle had seen

Ik toonde hem de foto op mijn telefoon. "Ja, dat is dezelfde
I showed him the photo on my phone Yes that is the same

gozer, maar hier ziet ie er veel jonger uit," bevestigde Sami.
dude but here sees he there much younger out confirmed Sami
looks - -

"Yasmina vond het maar een engerd, vertelde ze me altijd. Ik
Yasmina found it but a creep told she me always I
him

had altijd het gevoel dat ie wat met die juwelenzaak te
had always the feeling that he something with that jewelry affair to

maken had."
make had
do

Toen Sami me vroeg waarom we dit deden, grapte Omar dat hij
When Sami me asked why we this did joked Omar that he

alleen mee was gekomen om mij te beschermen. Zonder me druk
only along was come for me to protect Without me busy

te maken om wat Sami moest denken stak ik mijn elleboog in
to make for what Sami must think stuck I my elbow in

Omar's ribben en vertelde ik Sami het hele verhaal. Dat ik
Omar's ribs and told I Sami the whole story That I

samen met een vriendin Yasmina's zaak onderzocht om uit te
together with a girlfriend Yasmina's case investigated for out to
friend

zoeken wie haar erin geluisd had en haar had gedwongen te
search who her there-in loused had and her had forced to
find - framed

bekennen, omdat we niet geloofden dat ze schuldig was.
confess because we not believed that she guilty was

Sami's houding veranderde compleet; hij werd veel vriendelijker
Samis posture changed completely he became much more friendly

en hij zei dat ie dacht dat we gelijk hadden. "Yasmina zou
and he said that he thought that we right had Yasmina would
were

geen vlieg kwaad doen! Of stelen!" zei hij en ik moest lachen
no fly evil do Or steal said he and I must laugh
had to

bij het idee dat je een vlieg zou stelen. Toen hij ons uitliet,
at the idea that you a fly would steal When he us let out

zei hij dat hij ook zou proberen meer informatie over de zaak
said he that he also would try more information about the case

uit te vinden, "Om te beginnen bij die gozer met het litteken!"
out to find For to begin at that dude with the scar

Terwijl Omar en ik terugliepen naar de straat, was ik diep in
While Omar and I walked back to the street was I deep in

gedachten verzonken over deze nieuwe informatie. Het mysterie
thoughts sunk about this new information The mystery

rond Yasmina werd steeds complexer, maar ik voelde dat
around Yasmina became continually more complex but I felt that

we dichter bij de waarheid kwamen.
we closer to the truth came

Omar bracht me helemaal thuis en maakte bij de deur weer
Omar brought me all the way home and made at the door again

een plagerig grapje. "Je hoeft je lijfwacht niet te bedanken
a teasing joke You need your bodyguard not to thank

hoor, ik breng het wel in rekening bij je oom!"
hear I bring it well in invoice at your uncle
you know will give - - an to

"Als je het maar laat hem er iets over te vertellen!" zei
If you it but let him there something about to tell said
Don't even think about it

ik meteen. Het laatste wat ik wilde was dat dit op wat
I immediately The last what I wanted was that this on whatever
last thing - some kind

voor manier weer bij mijn moeder en vader terug zou komen.
for way again at my mother and father back would come
of

Ze zouden me gelijk huisarrest geven.
She would me immediately house arrest give

Toen ik thuis op mijn kamer zat smste ik gelijk Emma,
When I at home at my room sat texted I immediately Emma

die blijkbaar geen zin had heen en weer te texten en me
who apparently no lust had to and fro to text and me

gelijk opbelde. Toen ik haar lachende gezicht met de blonde
immediately called When I her laughing face with the blond

krulletjes langs haar wangen op mijn beeldscherm zag, vielen
curls along her cheeks on my screen saw fell

gelijk al de spanning en twijfel van mij af.
immediately all the tension and doubt from me off
away

Ze was natuurlijk super enthousiast maar ook jaloers. “Had je
She was of course super enthusiastical but also jealous Had you
Could

niet kunnen wachten tot ik er was?” zei ze quasi-boos.
not been able to wait until I there was said she pretend-angry
- wait

“Dit was te saai voor jou, die Sami blijkt bij z’n
This was too boring for you that Sami turns out with his

oma te wonen en bij de O'Slurries te werken," lachte ik.
grandmother to live and at the O'Slurries to work laughed I

"Maar heb je nog iets kunnen achterhalen?"
But have you still something been able to find out

"Nee, alleen over een vent die mijn oom van vroeger kende,"
No only about a guy that my uncle of before knew

zei ik.
said I

"Hoezo kende die je oom?"
Why knew that one your uncle
he

"D'r hing een foto van hem in het kantoor van mijn oom.
There hung a photo of him in the office of my uncle

Wacht, ik stuur hem gelijk naar je, kan je zelf zien
Wait I send him immediately to you can you yourself see

wat voor een griezel het is."
what for a creep it is

"Tjonge, wat een engerd," zei Emma toen ze de foto had
Boy what a creep said Emma when she the photo had

ontvangen. "Zou die man de juwelenroof op touw hebben gezet?
received Would that man the jewelry heist on rope have set
in action

Maar waarom zou Yasmina voor hem bekennen? En misschien
But why would Yasmina for him confess And maybe

heeft je oom er dan toch iets mee te maken?"
has your uncle there then still something along to make
with do

“Misschien moet ik weer in het kantoor van m’n oom op zoek
Maybe must I again in the office of my uncle on search
-

gaan,” zei ik twijfelend, geen idee of dat iets zou
go said I doubting no idea whether that something would
-

opleveren.
deliver

“Hoe was het met Omar?” vroeg Emma, en ik voelde gelijk
How was it with Omar asked Emma and I felt right away

weer een steek van jaloezie.
again a stab of jealousy

“Met Omar, hoezo? Gewoon, wel goed dat hij erbij was…
With Omar how-so Simply well good that he there-by was
why sort-of along

al had ik hem eigenlijk niet nodig voor Sami, achteraf
although had I him actually not needed for Sami afterwards
in

gezien.”
seen
hindsight

“Was het erg gezellig?” drong Emma aan en op dat moment
Was it very cosy pressed Emma on and at that moment

realiseerde ik me dat zij degene was die jaloers was.
realized I myself that she the one was who jealous was
-

Ik lachte en om haar te plagen knipperde ik met mijn ogen en
I laughed and for her to tease flashed I with my eyes and

zei, "Heel erg gezellig!"
said Very very cosy

Het was de eerste keer dat ik Emma niet zag lachen en haastig
It was the first time that I Emma not saw laugh and hastily

voegde ik toe, "Grapje! Omar is heel aardig, maar super saai, ik
added I to Little joke Omar is very nice but super boring I
- Just kidding!

wou dat jij er bij was geweest!"
wanted that you there with was been
- had

Dat verbeterde Emma's humeur aanzienlijk en de rest van het
That improved Emma's humor considerably and the rest of the
good mood

gesprek ging over koetjes en kalfjes.
conversation went about little cows and little calves
little unimportant things

Nadat we hadden opgehangen dacht ik erover Hafsa te smsen
After we had hung up thought I about it Hafsa to text

dat ze gelijk had en dat haar moeder geen crimineel was, maar
that she right had and that her mother no criminal was but
was

ik besloot nog even te wachten tot ik meer informatie had. Met
I decided still a bit to wait until I more information had With

een tevreden gevoel ging ik slapen.
a satisfied feeling went I sleep

Droomfeest
Dream Party

Die zondag werkte ik weer in het restaurant van mijn oom,
That Sunday worked I again in the restaurant of my uncle

waar Omar spraakzamer en grappiger was dan gewoonlijk. Hij
where Omar more talkative and funnier was then usual He

bracht de zaak niet ter sprake, alleen indirect helaas.
brought the case not on the talk only indirectly unfortunately
up -

"Hé, Imane, deze keer geen mysterieuze bijeenkomsten met
Hey Imane this time no mysterious meetings with

ongure types?" plaagde hij terwijl ik langs een tafel liep.
unsavory types teased he while I by a table walked

"Ik houd het vandaag bij mysterieuze Marokkaanse gerechten,"
I keep it today to mysterious Moroccan dishes

antwoordde ik, een stijf lachje forcerend.
answered I a stiff little laugh forcing
smile

We grapten over de klanten en het eten, wat de dag lichter
We joked about the customers and the food what the day lighter

maakte. Het was fijn om even niet aan het onderzoek te denken
made It was nice for a bit not on the investigation to think

en gewoon van het werk te genieten. Ja, dat hoorde je goed,
and simply of the work to enjoy Yes that heard you good
correct

ik vind het leuk om daar te werken. Noem me saai, maar het
I find it fun for there to work Name me boring but it
Call

is fijn je eigen geld te verdienen en dat terwijl je aardige
is nice your own money to earn and that while you nice

mensen ontmoet en af en toe wat lekker eten mee mag
people meet and off and on what nice food along may
some

snoepen.
snack

Op die maandagochtend, genesteld in een gezellig hoekje van
On that Monday morning nestled in a cosy corner of
the

mijn kamer, sloeg ik de pagina's van
my room struck I the pages of
turned

'Moordgids voor lieve meisjes' om, volledig opgaand in de
Murder guide for sweet girls around fully immersed in the
(Good Girls guide to murder) -

intrigerende wereld van moordmysteries en detectiveverhalen. Deze
intriguing world of murder mysteries and detective stories These

boeken waren voor mij een ontsnapping, een manier om me
books were for me an escape a way for me

onder te dompelen in een wereld van raadsels en geheimen. Ik
under to dip in a world of riddles and secrets I

hield van de spanning, het puzzelen, en het gevoel van triomf
held of the tension the puzzling and the feeling of triumph
loved -

wanneer de puzzelstukjes op hun plek vielen.
when the puzzle pieces on their spot fell

Maar mijn fascinatie voor mysteries en rechtvaardigheid ging
But my fascination for mysteries and justice went

verder dan alleen de pagina's van fictieve verhalen. Het was
further then only the pages of fictitious stories It was

diep geworteld in mijn eigen leven, vooral door de
deeply rooted in my own life especially by the

gebeurtenissen rond mijn tante Yasmina. Haar onterechte
events around my aunt Yasmina Her unjustified

gevangenschap had een diepe indruk op mij gemaakt en
captivity had a deep impression on me made and

wakkerde een vurig verlangen in mij aan om onschuldige mensen
fanned a fiery desire in me on for innocent people

te verdedigen. Ik droomde ervan een strafrechtadvocaat te
to defend I dreamed there-of a criminal lawyer to

worden, iemand die vocht tegen onrecht en streefde naar
become someone who fought against injustice and strived to
for

gerechtigheid.
justice

Deze gedachten hadden mij eerder al bij mijn besluit
These thoughts had me earlier already at my decision

gebracht om rechten te gaan studeren aan de Universiteit van
brought for laws to go study at the University of

Amsterdam. Ik zag het als een pad naar het begrijpen van het
Amsterdam I saw it as a path to the understanding of the

rechtssysteem, het leren van de vaardigheden om mensen te
judicial system the learning of the skills for people to

verdedigen en uiteindelijk een verschil te maken in de wereld.
defend and in the end a difference to make in the world

Misschien kon ik op een dag iemand als Yasmina helpen,
Maybe could I on one day someone like Yasmina help

iemand die ten onrechte beschuldigd werd en geen stem had.
someone who to the wrong accused became and no voice had
\- unjustified

Terwijl ik mijn boek dichtsloeg, voelde ik een mengeling van
While I my book close-hit felt I a mix of
closed

opwinding en vastberadenheid. Deze passie, gevoed door fictieve
excitement and determination This passion powered by fictitious

detectives en de realiteit van Yasmina's situatie, zou de basis
detectives and the reality of Yasmina's situation would the basis

vormen voor mijn toekomstige studie en carrière. Ik was klaar
form for my future study and carreer I was ready

om me in te zetten voor gerechtigheid, gewapend met kennis
for myself in to set for justice armed with knowledge
\- apply

en gedreven door compassie.
and driven by compassion

—

Dinsdag was minder prozaïsch. Net als elke twee maanden,
Tuesday was less prosaic Just as every two months

ergens rond de 22ste als ik mijn salaris had gekregen, ging
somewhere around the 22nd when I my salary had received went

ik samen met mijn moeder kleren shoppen. Zoals altijd stonden
I together with my mother clothes shopping Like always stood

we voor een kledingrek en discussieerden we of een
we in front of a clothes rack and discussed we whether a

jurk mij wel stond.
dress me indeed stood
looked good on

"Vind je niet dat deze een beetje te kort is?" vroeg ik,
Find you not that this one a little bit too short is asked I

terwijl ik een lichtblauwe zomerjurk omhoog hield.
while I a light blue summer dress up held

"Ach joh, je bent jong! Geniet ervan," antwoordde mijn moeder
Oh c'mon you are young Enjoy there-of answered my mother
it

met een glimlach.
with a smile

Terwijl we door de winkel liepen, dacht ik plotseling aan de
While we through the store walked thought I suddenly to the

blonde man op de foto. Zou mijn moeder hem kennen? Hij
blond man on the photo Would my mother him know He

kende duidelijk mijn rijke oom in zijn jongere jaren.
knew clearly my rich uncle in his younger years

"Ma, had oom Ahmed eigenlijk Nederlandse vrienden vroeger?
Mom had uncle Ahmed actually Dutch friends in former days

Dat was toch ongebruikelijk?" vroeg ik voorzichtig, zonder te
That was indeed unusual asked I carefully without to

willen toegeven dat ik de foto in zijn kantoor had gezien.
want admit that I the photo in his office had seen

Mijn moeder lachte. "Dat is wel een beetje racistisch, Imane,"
My mother laughed That is indeed a little racist Imane

zei ze plagerig, "Ik had ook veel Nederlandse vriendinnen
said she teasing I had also many Dutch girlfriends
friends

vroeger."
before

Toen ik aandrong, zei ze: "Je oom had één hele goede
When I urged said she Your uncle had one very good

Nederlandse vriend, maar ik mocht hem nooit zo. Niet omdat
Dutch friend but I liked him never much Not because

hij Nederlands was, natuurlijk," voegde ze er gauw aan toe.
he Dutch was of course added she there soon on to

Ze zweeg even, dus drong ik verder aan. "Waarom mocht je
She kept silent a bit so pressed I further on Why liked you

hem niet?"
him not

Ze zuchtte, alsof het iets was waar ze niet graag over
She sighed as if it something was where she not eagerly about

sprak. "Hij was niet eh, toxic, of zo, zoals jullie dat
spoke He was not eh toxic or something like you that

tegenwoordig zeggen, maar hij had iets gewelddadigs om
nowadays say but he had something violent around

zich heen hangen, een soort wreedheid. Dat stond me als jong
himself -to- hang a kind cruelty That stood me as young
pleased

meisje niet echt aan. M'n vriendinnen ook niet hoor, het was
girl not really on My girlfriends also not hear it was
- friends you know

niet een bad boy, hij was gewoon een gemene eikel, weet je.
not a bad boy he was simply a mean dickhead know you

Oh, Harry Boomsma, zo heette ie, nu weet ik het weer." Ze
Oh Harry Boomsma so was called he now know I it again She

trok een vies gezicht.
pulled a dirty face
disgusted

Ik liet het onderwerp varen en we gingen verder met winkelen,
I let the subject sail and we went further with shopping
go

maar haar woorden bleven in mijn hoofd rondspoken. Het
but her words remained in my head haunt The

mysterie rond Yasmina werd steeds ingewikkelder en
mystery around Yasmina became continually more complex and

persoonlijker. Zou een vriend van mijn oom betrokken zijn bij
more personal Would a friend of my uncle involved be at

de juwelenroof? En mijn oom zelf dan? Zou die toch zijn
the jewelry heist And my uncle himself then Would he still his

lening... Op dat moment merkte ik op dat mijn moeder bij de
loan At that moment marked I up that my mother at the
noticed -

sexy lingerie bleef staan en trok ik haar gauw verder naar
sexy lingerie remained stand and pulled I her quickly further to

de sokken.
the socks

Even later stonden we zelfs in de winkel waar Hafsa werkte. Ik
A bit later stood we even in the store where Hafsa worked I

was een beetje benauwd maar ze omhelsde me en fluisterde
was a little bit worried but she embraced me and whispered

me in mijn oor dat het haar speet dat ze zo boos was
me in my ear that it her was sorry that she so angry was
she was sorry for had

geworden. En begon me toen de nieuw binnengekomen jurken te
become And began me then the newly arrived dresses to

laten zien.
let see
- show

Toen we de winkel uitliepen vroeg mijn moeder, “Wat was dat
When we the store walked out asked my mother What was that

nou? Wat deed Hafsa raar?”
now What did Hafsa weird
acted

“Ach, nee hoor,” zei ik, “we hadden elkaar gewoon al even
Ah no hear said I we had each other simply already a bit
not at all

een tijdje niet gezien."
a while not seen

M'n moeder schudde haar hoofd. "De jeugd van tegenwoordig..."
My mother shook her head The youth of nowadays

—

Op woensdagavond had ik eindelijk weer contact met Emma
On Wednesday night had I finally again contact with Emma

via een videogesprek, na een paar dagen radiostilte.
through a video call after a few days (of) radio silence

"Hey Emma! Hoe gaan de oefeningen?" vroeg ik, terwijl ik me
Hey Emma How go the exercises asked I while I myself

comfortabel maakte op mijn bed.
comfortable made on my bed

Emma zuchtte. "Het is een beetje saai en vermoeiend, moet ik
Emma sighed It is a little bit boring and tiring must I

toegeven. Veel stretchen en krachtoefeningen. Maar het is
admit Much stretching and strength exercises But it is

nodig, dus ik doe het maar."
necessary so I do it but
just do it

"Klinkt als hard werk," antwoordde ik meelevend. "Maar je
Sounds like hard work answered I compassionately But you

bent super fit, je komt er vast wel doorheen."
are super fit you come there firmly well through
surely -

Emma glimlachte een beetje. "Dank je, Imane. Hoe is het met
Emma smiled a little bit Thank you Imane How is it with

jou?"
you

"Goed, goed. Ik zat te denken over het komende eindfeest. Weet
Good good I sat to think about the coming final party Know

jij al wat je gaat dragen?" vroeg ik, enthousiast over het
you already what you go wear asked I enthusiastical about the

onderwerp.
subject

Emma's ogen lichtten op. "Oh ja, het feest! Ik heb een mooie
Emma's eyes lit up Oh yes the party I have a beautiful

groene jurk gevonden, heel eenvoudig, maar chic. En jij?"
green dress found very simple but chic And you

"Ik heb een knalrode rugloze glitterjurk, beetje opvallend
I have a bright red backless glitter dress (a) little bit on-falling
standing out

misschien, maar heel mooi. Het is tenslotte een speciale
maybe but very beautiful It is after all a special

gelegenheid!" zei ik met een grijns. “Hij was van m'n moeder!”
opportunity said I with a grin He was of my mother
It belonged to

"Dat klinkt geweldig! Rood staat je supergoed," zei Emma
That sounds terrific Red stands you super good said Emma

goedkeurend. “Wat grappig, mijn jurk is ook van mijn moeder
approvingly What funny my dress is also of my mother
How has to

geweest!"
been
belonged

"Ze heeft hem maar een keer gedragen hoor, op een sjiek feest
She has him but one time worn hear on a fancy party
it only however

van mijn oom," zei ik.
of my uncle said I

Op dat moment dacht ik weer aan de man met het litteken.
At that moment thought I again to the man with the scar
of

"Oh, ik was bijna vergeten te vertellen," begon ik. "Weet je nog
Oh I was almost forgotten to tell (you) began I Know you still
had

die blonde man met dat litteken, van de foto in het kantoor
that blond man with that scar of the photo in the office

van mijn oom, die Sami met Yasmina had gezien?"
of my uncle that Sami with Yasmina had seen

"Ja, wat is er met hem?" vroeg Emma, nieuwsgierig.
Yes what is there with him asked Emma curious

"Ik vroeg mijn moeder of mijn oom Nederlandse vrienden
I asked my mother whether my uncle Dutch friends

had toen hij jong was. Ze zei dat hij één goede vriend had,
had when he young was She said that he one good friend had

maar ze mocht hem nooit. Ze zei dat hij een beetje eng was,
but she liked him never She said that he a little bit scary was

hij leek erg gewelddadig," legde ik uit.
he seemed very violent laid I out
explained -

"Dat klinkt nogal sinister," reageerde Emma. "Denk je dat hij
That sounds quite sinister responded Emma Think you that he

iets te maken heeft met de zaak van Yasmina?"
something to make has with the case of Yasmina
do

"Ik weet het niet zeker, maar het is zeker iets om verder
I know it not (for) sure but it is surely something for further

te onderzoeken, lijkt me. Mijn moeder vond hem een creep.
to research seems me My mother found him a creep
thought he was

Dat zegt wel wat, toch?"
That says well what still
means - somethingright

"Absoluut. Goed dat je het aan je moeder hebt gevraagd. We
Absolutely Good that you it to your mother have asked We

moeten alle sporen volgen," zei Emma bedachtzaam. "Heb je zijn
must all tracks follow said Emma thoughtful Have you his

naam?"
name

"Harry Boomsma," zei ik zonder aarzelen. M'n geheugen was goed,
Harry Boomsma said I without hesitating My memory was good

een erfenis van goed opletten bij het lezen en het kijken
a legacy of good paying attention at the reading and the looking

van moord mysteries denk ik.
of murder mysteries think I

Het gesprek kabbelde voort over de details van het feest, van
The conversation rippled forth about the details of the party from

onze schoenen tot aan accessoires, tot Emma zei dat het
our shoes up to accessories until Emma said that the

personeel binnenkwam.
staff entered

“Ze doen hier het licht uit,” zei ze, “ik moet ophangen anders
They do here the light out said she I must hang up otherwise
turn

gaat m’n buurvrouw weer klagen.”
goes my neighbor again complain

We beëindigden het gesprek met het plan om elkaar snel
We terminated the conversation with the plan for each other quickly

weer te spreken en meer te delen over onze bevindingen.
again to speak and more to share about our findings

Terwijl ik mijn laptop sloot, voelde ik een mengeling van
While I my laptop closed felt I a mix of

opwinding en bezorgdheid over wat we mogelijk zouden
excitement and concern about what we possibly would

ontdekken.
discover

—

Op vrijdagavond was het eindelijk tijd voor het eindfeest van de
On Friday evening was it finally time for the final party of the

middelbare school. Ik ging samen met Emma en twee van mijn
middle school I went together with Emma and two of my
high

vriendinnen, waaronder Katja, die inhaalexamens hadden maar
girlfriends where-under Katja who catch-up exams had but
friends among whom was

natuurlijk ook kwamen.
of course also came

"We hebben het verdiend na al dat harde werk," zei Katja,
We have it deserved after all that hard work said Katja

terwijl we ons klaar maakten.
while we us ready made
were getting ready

"Absoluut, vanavond wordt echt supertof!" voegde een andere
Absolutely tonight becomes really super fun added an other
will be

vriendin toe.
girlfriend to
friend -

Bij het feest bewonderden we elkaars kleding bij het licht van
At the party admired we each other's clothing at the light of

de discolampen. Katja droeg een schitterende zilveren jurk die
the disco lights Katja carried a glittery silver dress which
super beautiful

glinsterde bij elke beweging die ze maakte, terwijl mijn andere
shimmered at each movement that she made while my other

vriendin, Merel, een elegante, zwarte fluwelen jurk had gekozen
girlfriend Merel a elegant black velvety dress had chosen
friend

die haar figuur prachtig accentueerde.
which her figure wonderfully accentuated

"Jullie zien er geweldig uit!" riep Emma, die een strakke
You see there terrific out cried out Emma who a tight
You look terrific

groene jurk droeg die haar ogen deed oplichten.
green dress wore that her eyes did light up
made

De feestzaal was prachtig versierd, met kleurrijke lichten die
The party room was wonderfully decorated with colorful lights that

over de dansvloer flitsten. Toen de DJ de eerste noten van een
over the dance floor flashed When the Dj the first nuts of a

populaire danshit inzette, trokken we naar de dansvloer.
popular dance hit bet pulled we to the dance floor

In tegenstelling tot de meeste jongens, die aan de zijkant
In contrast to the most boys who on the side

bleven hangen, gingen wij meteen de dansvloer op. Na een
remained hang went we immediately the dance floor on After a

tijdje vonden enkele van mijn vriendinnen een jongen om mee te
while found some of my girlfriends a boy for with to
friends

dansen. Ik zag hoe een jongen Emma benaderde en samen
dance I saw how a boy Emma approached and together

begonnen ze te dansen. Emma als een volleerde rolstoel
started they to dance Emma like an accomplished wheelchair

piloot danste rondjes om hem heen. Ze straalde en wiegde
pilot danced rounds around him -to- She beamed and swayed

uitdagend met haar bovenlichaam, maar de hele tijd bleef
provocatively with her upper body but the whole time remained
seducingly

ze me heimelijke blikken toewerpen.
she me covert looks throw at

Op de een of andere manier wist ik nu zeker dat ze mij
On the one or other way knew I now for sure that she me

leuk vond. Maar zou ik er zelf aan kunnen toegeven? Voor
nice found But would I there myself to be able to give to For
liked -

nu stopte ik mijn verwarrende gevoelens voor haar diep weg.
now stuffed I my confusing feelings for her deeply away

"Super!" riep Emma uit boven de muziek.
Super called Emma out above the music

"Het beste feest ooit!" antwoordde ik, terwijl we dansten op
The best party ever answered I while we danced on

nummers van Dua Lipa tot The Weeknd.
numbers of Dua Lipa to The Weeknd
songs

Op het hoogtepunt van het feest was ik alles over de zaak
On the high-point of the party was I everything about the case

Yasmina vergeten. Emma en ik stonden midden op de
Yasmina forgotten Emma and I stood middle on the
in the middle of

dansvloer, we zaten tussen twee nummers in en de DJ gaf
dance floor we sat between two numbers in and the DJ gave
were songs announced

aan dat er een schuifelnummer zou komen. Terwijl hij loeide
on that there a shuffle number would come While he bellowed
- close dance song

dat iedereen dus maar even z'n levenspartner moest
that everyone so just for a moment his life partner must
their

opzoeken, vibreerde opeens mijn telefoon.
look up vibrated suddenly my phone

Met tegenzin haalde ik m'n mobiel tevoorschijn, bang dat mijn
With reluctance fetched I my mobile into view afraid that my
mobile phone

moeder buiten stond om me op te halen, en keek ik naar het
mother outside stood for me up to fetch and looked I at the

schermpje. Het was een bericht van Omar: "Sami is dood
little screen It was a message of Omar Sami is dead
was found

gevonden."
found
dead

Mijn hart stopte even. Ik voelde mezelf helemaal koud
My heart stopped for a moment I felt myself totally cold

worden. Ik keek naar Emma, maar die was nog steeds aan
become I looked at Emma but that one was still continually on
she - -

het dansen, nu met Katja. Ik wilde niet dat ik haar avond
the dance now with Katja I wanted not that I her evening
- dancing

zou bederven, maar zelf kon ik geen minuut langer blijven.
would spoil but myself could I not (a) minute longer remain

"Emma, ik moet gaan," zei ik haastig.
Emma I must go said I hastily

Emma merkte uiteraard dat mijn vrolijke stemming compleet was
Emma noticed of course that my merry mood completely was
had

verdwenen.
disappeared

"Wat is er?" vroeg ze, haar gezicht betrokken van bezorgdheid.
What is there asked she her face drawn of concern
it fallen

"Ik leg het later wel uit. Sorry, ik moet echt gaan." Met een
I put it later well out Sorry I must really go With a
I will explain later

zwaar gevoel rende ik de feestzaal uit, de nacht in, mijn
heavy feeling ran I the party room out the night in my

gedachten een warboel van vragen en zorgen.
thoughts a mess of questions and worries

Maar ik was niet verder gekomen dan het fietsenhok toen ik
But I was not further come then the bike shed when I

opeens werd afgesneden. Door een rolstoel.
suddenly became cut off By a wheelchair

“Wat denk je wel niet?” riep Emma boos, “Hoor ik er niet
What think you well not yelled Emma angrily Hear I there not
What were you thinking!? Belong

meer bij ofzo? Ik weet dat dit met de zaak te maken
more at or so I know that this with the case to make
anymore with or something do

heeft!”
has

Ik stopte onthutst, “Sorry Emma, je had nog zoveel plezier, ik
I stopped shocked Sorry Emma you had still so much fun I

dacht...”
thought

“Jij had het ook super tot je dat bericht kreeg! En ik had
You had it also super until you that message received And I had

het super tot jij wegrende! Wat dacht je, dat je Assepoester
it super until you ran away What thought you that you Cinderella

bent?”
are

Emma leek echt boos en ik ging voor haar zitten en nam
Emma seemed really angry and I went in front of her sit and took

haar bij haar handen. “Sorry, ik wilde gewoon dat je een leuk
her by her hands Sorry I wanted simply that you a fun

feest had.”
party had

Emma staarde in mijn ogen, bijna alsof ze me in mijn ziel
Emma stared in my eyes almost as if she me in my soul

wilde kijken. Toen liet ze mijn handen los en pakte me bij
wanted to look Then let she my hands loose and grabbed me at

mijn schouders. Zonder iets te zeggen trok ze me naar
my shoulders Without something to say pulled she me to

zich toe, en voordat ik het wist was ze me op mijn mond
herself -to- and before I it knew was she me on my mouth

aan het zoenen. Mijn hele lichaam tintelde en het was alsof ik
on the kissing My whole body tingled and it was as if I
- -

op een zacht wolkendek dreef. Was dit nou verliefdheid?
on a soft cloud cover floated Was this now infatuation
love

Ze liet los, keek met een tevreden glimlach naar mijn
She let loose looked with a satisfied smile at my

onthutste gezicht, en zei toen doodserieus, "Ik had het ook leuk,
shocked face and said then deadly serious I had it also fun

met jou! En vertel me nou als de wiedeweerga wat er in dat
with you And tell me now as the holy hell what there in that
immediately

bericht stond."
message stood

Ik viel gelijk weer uit de wolken en voelde mijn
I fell immediately again from the clouds and felt my

mondhoeken naar beneden trekken. "Sami is dood."
mouth-corners to down pull Sami is dead

"Die bendeleider?" riep Emma uit, "Wat is er gebeurd? Hoe
That gang leader called Emma out What is there happened How
has

kan dat nou, net nadat jij hem hebt opgezocht!"
can that now just after you him have looked up
be visited

Opeens voelde ik mezelf koud worden en wit wegtrekken.
Suddenly felt I myself cold become and white away-pull
the blood drain from my face

“Hij vertelde ons dat ie achter die Harry Boomsma aan zou
He told us that he after that Harry Boomsma on would

gaan.”
go

Hoog Overleg
High Counsel

De volgende dag stond het zowaar in de krant. "Sami A., een
The following day stood it actually in the newspaper Sami A a
-

bekende van de politie, is met een kogel in zijn hoofd gevonden
known of the police is with a bullet in his head found
by

in een zijstraat van..."
in a side street of

Ik kon niet verder lezen. Ik zag hem nog voor me, de
I could not further read I saw him still in front of me the

uitdrukking op zijn gezicht toen ik Yasmina's naam noemde en
expression on his face when I Yasmina's name named and
mentioned

zijn plotselinge behulpzaamheid toen we zeiden dat we haar
his sudden helpfulness when we said that we her

wilden helpen. Hoe je je toch in mensen kan vergissen.
wanted to help How you yourself still in people can mistake

Dus het eerste wat ik deed, was Hafsa opzoeken. Met mijn
So the first what I did was Hafsa look up With my
first thing

moeder erbij had ik haar niks kunnen vertellen, maar bij
mother there-by had I her nothing been able to tell but at
together

onze gebruikelijke koffie in de Hema kon ik helemaal los gaan.
our usual coffee in the Hema could I completely loose go
open up

En weer was Hafsa boos, maar nu omdat ik mezelf aan zoveel
And again was Hafsa angry but now because I myself to so much

gevaar had blootgesteld. “Je bent naar die bendeleider gestapt!?”
danger had exposed You are to that gang leader stepped
have went

riep ze bijna door de Hema en ik trok mijn hoofd tussen
called she almost through the Hema and I pulled my head between

mijn schouders in.
my shoulders in

“Die arme jongen is doodgeschoten,” verdedigde ik mezelf, maar
That poor boy is shot to death defended I myself but

dat verbeterde Hafsa’s humeur niet echt.
that improved Hafsa's humor not really
good mood

“Ben je helemaal gek geworden, Imane!” siste ze, “Je gaat
Are you totally crazy become Imane hissed she You go
Have

je toch niet in een bendeoorlog mengen!”
yourself indeed not in a gang war mix

“Ik denk niet dat het een bendeoorlog is,” zei ik. “Hij zei dat
I think not that it a gang war is said I He said that

ie achter de man aan zou gaan die Yasmina in de tang had."
he after the man on would go who Yasmina in the pliers had
-

“Wat bedoel je, in de tang?”
What mean you in the pliers
do you mean

“Je moeder had een hekel aan die man met dat litteken, ze
Your mother had a hate on that man with that scar she
disliked

zou nooit een diefstal voor hem plegen en er dan zelf
would never a theft for him commit and there then herself

voor naar de gevangenis gaan. Hij heeft haar vast bedreigd
for to the prison go He has her probably threatened

ofzo.”
or so
or something

“Mijn moeder bedreigd? Die was nergens bang voor!”
My mother threatened That one was nowhere afraid for
She nothing of

Ik moest toegeven dat Hafsa gelijk had Dat leek niet op
I had to admit that Hafsa right had That looked like not on
was didn't look like

tante Yasmina. Haar moeder zou zich nooit zo voor iemands
tante Yasmina Her mother would herself never so for someone's
someone else's

karretje laten spannen.
little cart let harness
agenda borrow

“Wat er ook gebeurd is, ik ga het uitvinden.”
What there also happened is I go it find out

“Doe je voorzichtig?” vroeg Hafsa met gefronste wenkbrauwen,
Do you careful asked Hafsa with frowned eyebrows
Will you be

"Geen gekke dingen doen hoor!"
No crazy things do hear
you know

"Nee, nee, zeker niet!" antwoordde ik haastig, "Mijn vriendin is
No no surely not answered I hastily My girlfriend is
friend

een hacker, die kan zo van op een afstand uitvinden wie die
a hacker that one can so from on a distance find out who that
she -

Harry is, wat ie heeft gedaan, en dan alles naar de politie
Harry is what he has done and then everything to the police

sturen!"
send

—

Emma was zelf minder enthousiast over haar eigen
Emma was herself less enthusiastical about her own

vaardigheden. "Wat denk je, dat ik bij Anonymous zit?" vroeg
skills What think you that I with Anonymous sit asked
am

ze een beetje verontwaardigd. "Zo makkelijk is dat allemaal niet!"
she a little bit indignant So easy is that all not

Ik liet mijn schouders zakken en het enige wat ik kon zeggen
I let my shoulders descend and the only what I could say
hang

was, "Oh," terwijl ik naar mijn vingers keek.
was Oh while I at my fingers looked

Ze zat op haar knalroze bed tegen de muur en ik zat naast
She sat on her bright pink bed against the wall and I sat next to

haar. Opeens voelde ik haar warme lippen toen ze me op mijn
her Suddenly felt I her warm lips when she me on my

wang kuste. "Maak je geen zorgen, we verzinnen wel wat,"
cheek kissed Make you no worries we make up well something
think up

zei ze.
said she

Ze leunde naar achter en peinsde even. "Misschien moeten we
She leaned to behind and thought a bit Maybe must we
back

iets van een combinatie doen. Uitzoeken wie die gast is en
something of a combination do Out-search who that guest is and
Find out dude

wat ie uitspookt. Dan als ik weet waar ik moet zoeken, kan ik
what he out-haunts Then if I know where I must search can I
does

bij mijn vrienden online rondvragen of ze wat dieper kunnen
with my friends online ask around if they a bit deeper can

graven."
dig

"Heb je veel vrienden online?" vroeg ik quasi ongeïnteresseerd.
Have you many friends online asked I quasi disinterested

Zelf had ik er nul. Tenzij je al mijn snapchat en
Myself had I there zero Unless you all my snapchat and

instagram-connecties met Katja en de anderen meetelde.
instagram connections with Katja and the others along counted

“Meer dan ik in het echte leven had, voor het geval je dat
More than I in the real life had for the case you that
in case

niet opgevallen was,” lachte Emma.
not stood out was laughed Emma
noticed had

Ze zag dat ik naar haar barbies staarde en zei, “Weet je
She saw that I at her barbies stared and said Know you

waarom ik die nog bewaar? Als klein meisje speelde ik eindeloos
why I those still keep As little girl played I endlessly

met die dingen. Die benen, weet je, die lange benen! Ik
with those things Those legs know you those long legs I

stelde me voor dat ik een van die poppen was en liet haar
set me for that I one of those dolls was and let her
imagined myself

dan rondlopen alsof, alsof ik zelf kon lopen, snap je.”
then walk around as if as if I myself could walk understand you

Ik wist niet of ik moest lachen of huilen. Ik proestte het uit
I knew not if I must laugh or cry I snorted it out

terwijl ik een traan langs mijn wang voelde biggelen. Emma
while I a tear along my cheek felt drip Emma

schaterlachte en gaf me een duw zodat we allebei om rolden,
laughed and gave me a push so that we both over rolled

zij met haar bovenlichaam over mij hangend en snikkend van
she with her upper body over me hanging and sobbing of
crying

het lachen keken we elkaar aan. Ik dacht, dit voelt goed,
the laughter looked we each other at I thought this feels good

weet je.
know you

Toen was het mijn beurt om haar naar me toe te trekken
Then was it my turn for her to me towards to pull

en mijn lippen op de hare te drukken. Ze beantwoordde mijn
and my lips on the hers to press She answered my

kus en ik sloot mijn ogen terwijl ik genoot van de warmte van
kiss and I closed my eyes while I enjoyed of the warmth of

haar lichaam op het mijne en onze gezichten dicht bij elkaar.
her body on the mine and our faces close to each other

Er klonk een klop op de deur en Emma wist niet hoe
There sounded a knock on the door and Emma knew not how

snel ze zich weer overeind moest werken. Ze zat weer
quickly she herself again up must work She sat again
get

tegen de muur, giechelend, terwijl ik nog steeds gelukzalig
against the wall giggling while I still continually blissfully

naar het plafond starend op mijn rug lag toen haar moeder
at the ceiling staring on my back lay when her mother

binnenkwam.
inside-came
entered

“Jullie hebben zeker veel lol samen?” zei ze met een stralend
You have surely much fun together said she with a beaming

gezicht, “Hier meiden, koekjes en thee!”
face Here girls cookies and tea

Toen ze de deur weer achter zich dicht had gedaan, zei
When she the door again behind herself closed had done said

Emma ernstig, "Ik moet echt een slot voor mijn kamer hebben."
Emma serious I must really a lock for my room have

Ze keek met een scheef gezicht naar de thee en de
She looked with a crooked face at the tea and the
slightly sideways inclined head

vier kleine koekjes die ernaast lagen en zei, "En nu moet ik
four small cookies which there-next laid and said And now must I
next to it

me even verontschuldigen over die akelige spaarzaamheid van
myself a little apologize over that grim thrift of

Nederlanders."
Dutch people

"Ik vind die Nederlanders anders wel lekker," grapte ik,
I find those Dutch people on the contrary well tasty joked I

overeind komend, en greep gelijk maar twee koekjes.
up coming and grabbed right away but two cookies
just to be sure grabbed

–

Ik moest snel fietsen om op tijd bij het restaurant van mijn
I must quickly cycle for on time at the restaurant of my
had to

oom te komen maar gelukkig was het niet druk. De enige
uncle to come but fortunately was it not busy The only
arrive

klant ging net weg en Omar stond over de toonbank geleund
customer went just away and Omar stood over the counter leaned

naar zijn mobieltje te staren.
at his cell phone to stare

Toen hij mij zag binnenkomen kwam ie overeind met een zucht.
When he me saw come in came he up with a sigh

“Jesses Imane, vorige week zaten we nog met die gozer te
Geez Imane last week sat we still with that dude to

praten!”
talk

“Vertel mij wat,” antwoordde ik met een wederzucht, “ik zie
Tell me something answered I with a counter-sigh I see

hem nog voor me, die arme jongen.”
him still in front of me that poor boy

Omar haalde z’n schouders op, “Nou ja, hij zat in een bende,
Omar fetched his shoulders up Now yes he sat in a gang
shrugged well was

weet je wel.”
know you well

“Begin jij nou ook al?” riep ik uit, “Hij wilde ons helpen,
Start you now also already called I out He wanted us help

ben je dat soms vergeten? En z’n oma! Dat arme
are you that maybe forgotten And his grandmother That poor
have

mens.”
human
old woman

“Sorry ja,” zei Omar met een geschrokken gezicht, “en
Sorry yes said Omar with a scared face and

denk jij hetzelfde wat ik denk?"
think you the same what I think
are you thinking that

"Als je bedoelt dat.. dat die..." ik keek om me heen en
If you mean that that that I looked around myself to and
-

ondanks dat er niemand in het restaurant was vervolgde ik
in spite of that there nobody in the restaurant was continued I

zachtjes, "Harry Boomsma hem vermoord heeft, ja, dat denk ik
softly Harry Boomsma him murdered has yes that think I
quietly

ook."
also

"Als we dat konden bewijzen zat ie gelijk in de bak." Omar
If we that could prove sat he immediately in the bin Omar
jail

haalde weer zijn schouders op. "Maar hij heeft z'n wapen
fetched again his shoulders on But he has his weapon
shrugged -

natuurlijk in de gracht gegooid. Als ie het al zelf gedaan
of course in the canal thrown If he it already himself done

heeft, daar heeft ie vast zijn mannetjes voor. Plus als je nu
has there has he probably his little men for Plus if you now

in die zaak gaat wroeten ben jij de volgende."
in that case go root (around) are you the next

Ik waardeerde Omar's positiviteit. Niet. Ik wenste dat ik Emma
I appreciated Omar's positivity Not I wished that I Emma

weer naast me had, maar op dat moment kwamen er drie
again next to me had but at that moment came there three

klanten tegelijk binnen en begon mijn dienst pas echt.
customers at the same time inside and began my service only really

Ik had geen tijd meer om over de zaak na te denken tot
I had no time more for about the case after to think until
anymore to reflect

etenstijd, toen een vriend van Omar binnenkwam en bij de
dinner time when a friend of Omar entered and at the

toonbank een beetje samenzweerderig met hem begon te
counter a little bit conspiratorially with him began to

fluisteren.
whisper

Tot overmaat van mijn irritatie keken ze allebei opeens in mijn
To excess of my irritation looked they both suddenly in my

richting en ik stapte op ze af. “Waar hebben jullie het over?
direction and I stepped on them off Where have you it over
up to them What are you talking about

Je kan het ook in mijn gezicht zeggen hoor!”
You can it also in my face say hear
you know

De vriend stapte achteruit alsof ik de tiefus had maar Omar
The friend stepped backwards as if I the typhus had but Omar
-

lachte een beetje schaapachtig. “Amir zegt dat je vragen de
laughed a little bit sheepishly Amir says that your questions the

lokale onderwereld gek hebben gemaakt.”
local underworld mad have made

Op mijn angstige blik voegde hij toe, “Ok, da’s een beetje
On my fearful glance added he to Ok that's a little bit
-

overdreven. Hij zegt dat Sami’s vrienden wraak willen nemen.
exaggerated He says that Sami's friends revenge want to take

Ze weten dat wij hem hebben opgezocht. Sorry, maar Amir
They know that we him have looked up Sorry but Amir

heeft ze laten weten dat jij naar hem op zoek was.”
has them let know that you to him on search was
for searching

Dat maakte het niet beter in mijn ogen. “Wat!?” riep ik uit,
That made it not better in my eyes What called I out

“Denken ze dat ik hem vermoord heb?”
Think they that I him murdered have

“Nee, nee, natuurlijk niet, jij bent een meisje, maar ze willen
No no of course not you are a girl but they want

namen, ze willen weten wie Sami wel vermoord heeft.”
names they want to know who Sami well murdered has
did murder

“Hoezo een meisje? Alsof ik niemand kan vermoorden,
How-so a girl As if I nobody can murder
What do you mean

doe niet zo belachelijk!”
do not so ridiculously
don't be ridiculous

“Ik denk niet dat je die argumentatie met hen moet gebruiken
I think not that you that argument with them must use

nu," probeerde Omar, "maar misschien moeten we ze achter.." hij
now tried Omar but maybe must we them after he

keek even naar Amir die nog steeds op veilige afstand van
looked a bit to Amir who still continually at (a) safe distance of

mij tegen de muur geleund stond, "jeweetwelwie aansturen?"
me against the wall leaned stood you-know-who on-send
send

"En die engerd nog meer jongens laten doodschieten? Da's
And that creep still more boys let dead-shoot That's

duidelijk een professionele crimineel, die
clearly a professional criminal that one

maakt ze allemaal af!" sputterde ik.
makes them all off sputtered I
finishes them all protested

Omar haalde z'n schouders op en ik dacht snel na.
Omar hauled his shoulders up and I thought quickly after
shrugged quickly reflected

"Ik praat wel met ze," zei ik.
I talk well with them said I
I will talk

Omar fronste z'n wenkbrauwen zo samen dat z'n hele voorhoofd
Omar frowned his eyebrows so together that his whole forehead
knitted

een grote rimpel werd. "Lijkt me niet handig."
a large wrinkle became Seems me not handy

Ik dacht aan de irritante jonge mannen in de nachtclub en
I thought on the irritating young men in the nightclub and
of

aan
to

Omar's beschrijving van hun misdaden. Het waren misschien
Omar's description of their crimes It were maybe
They

criminelen maar dat was geen reden om ze zomaar dood te
criminals but that was no reason for them just like that dead to

laten schieten. Dat was iets voor de politie. Niet het
let shoot That was something for the police Not the

doodschieten, maar om uit te zoeken of ze iets
dead-shooting but for out to seek whether they something
to investigate

hadden misdaan en ze te arresteren. En bovendien, wat
had miss-done and them to arrest And on top of that what
done wrong

zou Yasmina daar aan hebben, zelfs als ze erin zouden
would Yasmina there on have even if they there-in would
use

slagen Harry Boomsma neer te schieten? Dan zou de waarheid
succeed Harry Boomsma down to shoot Then would the truth

nooit boven water komen.
never above water come

"Ik praat wel met ze," drong ik aan, "ik ben niet bang of
I talk well with them pressed I on I am not afraid or
will talk

zo." Dat was ik wel, dus ik voegde toen, "Laat ze maar
something That was I well so I added then Let them just
indeed

hier komen."
here come

Omar’s frons werd zo mogelijk nog dieper. “Ik denk niet dat
Omar's frown became so possibly even deeper I think not that

je oom dat leuk vindt.”
your uncle that fun finds
likes

“Het zijn toch gewoon klanten? Ze gaan echt niet de boel
It are still just customers They go really not the lot
They place

kort en klein slaan.”
short and small strike
destroy

—

Na mijn dienst fietste ik snel naar huis, mijn gedachten een
After my service cycled I quickly to house my thoughts a
home

wirwar van zorgen en plannen. Eenmaal thuis belde ik Emma
jumble of worries and plans Once at home rang I Emma

op om haar te vertellen over de recente ontwikkelingen.
up for her to tell about the recent developments

"Emma, Sami's bende wil wraak nemen, we kunnen ze
Emma Sami's gang wants revenge take we can them

vertellen dat Boomsma het gedaan heeft, maar dat wil ik niet
tell that Boomsma it done has but that want I not

doen," begon ik zodra ze opnam. "Ze zijn misschien
do began I as soon as she took up They are maybe
answered

criminelen, maar ze verdienen het niet om neergeschoten te
criminals but they earn it not for shot down to

worden zoals Sami."
become like Sami

Emma was het ermee eens. "Dat klinkt gevaarlijk, Imane. En
Emma was it there-with once That sounds dangerous Imane And
agreed with that

ik heb wat dingen over Harry Boomsma gevonden," zei ze. "Hij
I have some things about Harry Boomsma found said she He

lijkt betrokken te zijn bij een aantal grote diamantroofzaken,
seems involved to be at a number (of) large diamond robbery cases

zowel in het verleden als recent. Er is een patroon waarbij
both in the past as recently There is a pattern where-by

werknemers worden beschuldigd. Eén werknemer beschuldigde
employees become accused One employee accused

Harry, maar die werd vermoord in de gevangenis, en zijn
Harry but that one became murdered in the prison and his
was -

familie verdween."
family disappeared

"Dat is verschrikkelijk," zei ik, mijn stem schor van ongeloof.
That is terrible said I my voice hoarse of disbelief

"Ja, en hij heeft een import en exportbedrijf dat zaken doet
Yes and he has an import and export company that business does

met Rusland," vervolgde Emma. "Hij heeft een officieel kantoor,
with Russia continued Emma He has an official office

maar daar zal hij waarschijnlijk niets bewaren. De politie is
but there shall he probably nothing keep The police is
has

er al minstens twee keer geweest. Maar via mijn
there already at least two times been But through my

vrienden op een online forum - ze noemen me Prof X - heb
friends on an online forum they call me Prof X have

ik ontdekt dat hij een tweede 'kantoor' heeft. Het is alleen aan
I discovered that he a second office has It is only to

hem gelinkt via een paar trusts en een stroman. Daar zou
him linked through a few trusts and a straw man There would

hij zijn buit of bewijs kunnen verbergen."
he his loot or evidence be able to hide

“Professor X?” vroeg ik met een frons, “Is dat niet die gast van
Professor X asked I with a frown Is that not that guest from
dude

de X-men die in een... Oh, ik snap het.”
the X-men who in a Oh I understand it

"Ik ga proberen de bende morgen te ontmoeten," voegde ik toe,
I go try the gang tomorrow to meet added I to
-

mijn hoofd vol plannen. "Misschien kunnen we hen gebruiken om
my head full (of) plans Maybe can we them use for

in dat kantoor te komen. Ik bedenk vanavond wel iets."
in that office to come I think of tonight well something
will think of something tonight

"Oké," zei Emma, "ik kom morgen ook naar het restaurant waar
Okay said Emma I come tomorrow also to the restaurant where

je ze ontmoet. Ik wil helpen waar ik kan."
you them meet I want to help where I can

De volgende dag in het restaurant wachtte ik nerveus op de
The next day in the restaurant waited I nervously on the
for

bendeleden. Omar keek bezorgd toe terwijl ik de tafel
gang members Omar looked worried to while I the table
watched with worry

voorbereidde.
prepared

"Ben je zeker dat je dit wilt doen, Imane?" vroeg hij.
Are you sure that you this want to do Imane asked he

"Ik moet wel," antwoordde ik vastberaden.
I must well answered I determined

Toen de bendeleden binnenkwamen, voelde ik mijn hart sneller
When the gang members entered felt I my heart faster

kloppen. Ze zagen er hard en onverschillig uit, hun ogen
beat They saw there hard and indifferent out their eyes
looked - -

speurend door het restaurant. Mijn oom keek niet bepaald
searching through the restaurant My uncle looked not particularly

blij toen hij de mannen zag binnenkomen. Hij hield niet van
happy when he the men saw come in He held not of
liked -

dit soort types, maar hij kon of wilde er niet veel aan
this kind (of) types but he could or wanted there not much on

doen.
do

"Ik ben Imane," zei ik, mijn stem stabiel houdend. "Ik heb met
I am Imane said I my voice stable keeping I have with

Sami gesproken voor hij... nou ja, je weet wel."
Sami spoken before he now yes you know well

Ze keken me wantrouwend aan. "En wat moet je van ons?"
They looked me distrustful at And what must you of us

vroeg de grootste van hen, zijn armen over elkaar. "Heb je
asked the biggest of them his arms over each other Have you
arms crossed

info of niet?"
info or not

"Ik denk dat we dezelfde vijand hebben," zei ik. "Harry Boomsma.
I think that we the same enemy have said I Harry Boomsma

Ik heb informatie dat hij achter de moord op Sami zit. En hij
I have information that he behind the murder on Sami sits And he
is

is ook betrokken bij andere misdaden."
is also involved with other crimes

Ze wisselden blikken uit, duidelijk geïnteresseerd maar nog
They changed looks out clearly interested but still
exchanged glances

steeds op hun hoede.
continually on their guard

"Ik heb een plan," vervolgde ik. "Ik weet van een plek waar
I have a plan continued I I know from a spot where

Boomsma mogelijk bewijsmateriaal verbergt. Als we samenwerken,
Boomsma possibly evidence hides If we collaborate

kunnen we misschien vinden wat we nodig hebben om hem
can we maybe find what we necessary have for him

voor altijd uit te schakelen."
for always out to switch
to take out

De mannen keken elkaar aan. "Laat maar horen," zei één van
The men looked each other at Let but hear said one of
Let's hear it

hen uiteindelijk.
them in the end

Op dat moment kwam Emma het restaurant binnen, haar blik
At that moment came Emma the restaurant inside her look

vastberaden. Ze rolde naar onze tafel en zei zonder blikken
determined She rolled to our table and said without becoming pale
(bleken)

of blozen: "Hoi, ik ben Emma, ik help Imane bij haar
or blush Hi I am Emma I help Imane with her

onderzoek."
investigation

“Emma heeft alles over Boomsma uitgevonden,” zei ik, trots
Emma has everything about Boomsma found out said I proud

op mijn vriendin.
on my girlfriend
of friend

De mannen keken verrast naar Emma, maar er was een
The men looked surprised at Emma but there was a

glimp van respect in hun ogen.
glimpse of respect in their eyes

"We bespreken de details," zei ik, "maar we moeten voorzichtig
We discuss the details said I but we must careful

zijn. Boomsma is gevaarlijk."
be Boomsma is dangerous

Emma opperde, "Misschien kan een van jullie Harry Boomsma de
Emma suggested Maybe can one of you Harry Boomsma the

stad uit lokken met een telefoontje. Zeg dat je weet dat hij
city out lure with a phone call Say that you know that he

Sami heeft vermoord en dat je wraak wilt nemen voor Sami.
Sami has murdered and that you revenge want to take for Sami

Ondertussen kunnen Imane, Omar en ik zijn kantoor doorzoeken
Meanwhile can Imane Omar and I his office search

terwijl hij weg is."
while he away is

De mannen keken elkaar aan, afwegend. Eén van hen, een
The men looked each other at considering One of them a

kerel met een dunne snor en alerte ogen, knikte uiteindelijk.
bloke with a thin mustache and alert eyes nodded in the end

"Dat kan ik wel doen," zei hij. "Ik wil die Boomsma graag een
That can I well do said he I want that Boomsma eagerly a

lesje leren."
lesson learn

Ik keek een beetje benauwd om wat ik nu ging vragen, maar
I looked a little bit worried for what I now went ask but

als Emma het durfde, dan moest ik dat ook kunnen. “En kan
if Emma it dared then must I that also be able And can

een van jullie misschien helpen, je weet wel, met de deur
one of you maybe help you know well with the door

openmaken?"
to open

Een van de jonge mannen lachte, "Wat denk je wel niet, dat
One of the young men laughed What think you indeed not that

we criminelen zijn?"
we criminals are

Ik begon te stotteren maar hij zei, "Tuurlijk, wat voor slot is
I began to stutter but he said Sure what for lock is
what kind of

het?"
it

Emma zei, "Ik heb een screenshot van Google Streetview hier,
Emma said I have a screenshot of Google Streetview here

lijkt gewoon een hangslot met cijfercombinatie."
seems simply a padlock with number combination

De man keek en haalde z'n schouders op, "Eitje."
The man looked and fetched his shoulders up Little egg
shrugged Easy peasy

Mijn oom wierp ons een bezorgde blik toe van achter de
My uncle threw us a concerned glance towards from behind the

toonbank, maar zei niets.
counter but said nothing

"We moeten snel zijn," zei ik. "Zodra Harry het kantoor
We must quickly be said I As soon as Harry the office

verlaat, moeten we daar naar binnen."
leaves must we there to inside

"Ik zorg ervoor dat hij lang genoeg weg is," zei de man met
I worry there-for that he long enough away is said the man with

de snor. "Ik ken een paar plekken waar hij niet zo snel
the mustache I know a few places where he not so quickly

weg zal komen."
away shall come

Omar keek nerveus. "We moeten voorzichtig zijn. Als Boomsma
Omar looked nervous We must careful be If Boomsma

erachter komt..."
there-behind comes

"Hij weet van niets, dus wij zijn in het voordeel," zei Emma
He knows of nothing so we are in the advantage said Emma

vastberaden. "En we hebben een goed plan."
determined And we have a good plan

Ik voelde een mix van angst en opwinding. Dit was onze kans
I felt a mix of fear and excitement This was our chance

om meer bewijs te vinden tegen Harry Boomsma en de
for more proof to find against Harry Boomsma and the

waarheid over Yasmina aan het licht te brengen. Met een
truth about Yasmina to the light to bring With a

gedetailleerd plan en nieuwe bondgenoten leek onze missie
detailed plan and new allies seemed our mission

opeens een stuk haalbaarder.
suddenly a piece more feasible
good bit

Toen de bendeleden vertrokken, bleven Emma, Omar en ik
When the gang members left remained Emma Omar and I

achter om de laatste details van ons plan te bespreken. Dit was
behind for the last details of our plan to discuss This was

het moment waarop alles samenkwam, en ik kon alleen
the moment whereupon everything came together and I could only

maar hopen dat we succesvol zouden zijn in onze gevaarlijke
but hope that we successful would be in our dangerous
just

onderneming.
enterprise

De Ontmaskering
The Unmasking

De dag van ons zorgvuldig uitgewerkte plan was aangebroken.
The day of our carefully out-worked plan was on-broken
elaborated had dawned

Nadat het bendelid dat Harry zou weglokken hem een paar
After the gang member that Harry would lure away him a few

dagen had geschaduwd, was het duidelijk dat ons doelwit altijd
days had shadowed was it clear that our target always

op zijn officiële kantoor aan het werk was, of thuis in zijn villa
on his official office at the work was or at home in his villa
work

was.
was

De geheime schuilplaats van Harry Boomsma was dus open voor
The secret shelter of Harry Boomsma was thus open for

bezoek. Ik, Emma, Omar, en het bendelid die het slot zou
(a) visit I Emma Omar and the gang member who the lock would

openmaken, Abdul, stonden voor de verlaten straat waar de
open-make Abdul stood in front of the abandoned street where the
empty

schuilplaats zich bevond.
shelter itself found

Het gebouw zag er vervallen uit, met een deur die verscholen
The building saw there dilapidated out with a door that hidden
looked dilapidated

lag in een steegje. Net als op Google Streetview, en nu met
lay in an alley Just like on Google Streetview and now with

onze eigen ogen, zagen we dat de deur hermetisch afgesloten
our own eyes saw we that the door hermetically locked off

was met een groot hangslot met cijfercombinatie.
was with a large padlock with number combination

We besloten om te wachten in een nabijgelegen koffieshop. Omar
We decided for to wait in a nearby coffee shop Omar

en Abdul besloten wat wiet te roken. Emma probeerde het ook,
and Abdul decided some weed to smoke Emma tried it too

maar ik weigerde, vasthoudend aan mijn 'geen drugs, geen alcohol
but I refused firm-holding to my no drugs no alcohol
firmly abiding by

voor mijn 18e' regel. Misschien zou ik alcohol proberen als ik
before my 18th rule Maybe would I alcohol try if I

oud genoeg was, maar wiet zou ik waarschijnlijk nooit aanraken.
old enough was but weed would I probably never touch

En voor de zoveelste keer, ik was niet saai, gewoon verstandig.
And for the umpteenth time I was not boring simply sensible

Abdul had een sporttas bij zich en ik keek er stiekem
Abdul had a sports bag with himself and I looked there secretly

naar, me afvragend of hij een wapen bij zich had. Hij
at myself off-questioning if he a weapon with himself had He
wondering

merkte mijn blik op en opende de tas, wat rommelige
marked my glance up and opened the bag what messy
noticed -

sportkleren tonend. "Maak je geen zorgen meissie, ik ga
sports clothes showing Make yourself no worries lassie I go

alleen effe trainen zo," zei hij met een schampere lach.
only a bit train so said he with a scoffing laugh
(even) to the gym later

Omar kreeg een telefoontje op zijn mobiel van het andere
Omar got a phone call on his mobile from the other
mobile phone

bendelid, die toevallig ook Abdul heette. "Abdul heeft
gang member who coincidentally also Abdul was called Abdul has

Harry Boomsma weggelokt voor een afspraak in een bos bij
Harry Boomsma lured away for an appointment in a forest at

Amsterdam Zuid," herhaalde Omar voor ons. Omar luisterde verder
Amsterdam South repeated Omar for us Omar listened further

naar zijn gesprekspartner, kreeg een frons en toen betrok zijn
to his conversation partner got a frown and then got drawn his
fell

gezicht. "Hij zegt dat ie een drive-by shooting wil gaan doen!"
face He says that he a drive-by shooting wants to go do

zei hij paniekerig.
said he panically
in a panic

"Nee! Nee! Niet doen, zeg dat ie dat niet moet doen!" riepen
No No Not do say that he that not must do called
Don't do it

Emma en ik tegelijk tegen de telefoon, in de hoop Abdul
Emma and I at the same time against the phone in the hope Abdul

twee te overtuigen, en de andere klanten keken een beetje
two to convince and the other customers looked a little bit

meewarig naar ons.
half-pitying at us
half-looking at a weirdo

“Hij heeft opgehangen,” zei Omar met een beteuterd gezicht naar
He has hung up said Omar with a perplexed face at

z’n mobiel kijkend.
his mobile looking
mobile phone

We wisten in ieder geval dat Harry niet hier was en we konden
We knew in any case that Harry not here was and we could

het gebouw onderzoeken. Hopelijk zou Abdul twee niets geks
the building research Hopefully would Abdul two nothing crazy

doen.
do

We verplaatsten ons naar de steeg, waarbij ik me erg
We moved us to the alley where-by I myself very

opvallend voelde. Abdul nummer één kraakte het hangslot, maar
on-falling felt Abdul number one cracked the padlock but
standing out

de deur leek nog steeds op slot te zitten, van binnen
the door seemed still continually on lock to sit from inside
be

ofzo. Meteen voelde ik een golf van wanhoop, maar Abdul
or so Immediately felt I a wave of desperation but Abdul
or something

haalde een koevoet uit zijn sporttas tevoorschijn en opende de
fetched a crowbar from his sports bag into view and opened the

deur met een luid gekraak van splinterend hout.
door with a loud cracking of splintering wood

Ik wilde iets wijsneuzerigs zeggen over de koevoet in zijn
I wanted something wise-nosey say about the crowbar in his
smartassy

tas maar besloot mijn mond te houden.
bag but decided my mouth to hold
to keep silent

"Success," zei hij en vertrok, zijn bravoure ineens verdwenen.
Success said he and left his bravura suddenly disappeared

Daar stonden we dan.
There stood we then

“Ok Omar, als jij nou bij de uitgang van de steeg gaat staan,
Ok Omar if you now at the exit of the alley go stand

gaan wij wel effe binnen kijken," zei Emma, de leiding
go we well a moment inside look said Emma the leadership
(even)

nemend.
taking

“Geef je me een kontje, Iem?” vroeg ze, haar rolstoel
Give you me a little butt Iem asked she her wheelchair
lift (Imane)

voor de hoge drempel van de deuropening draaiend, en met
in front of the high threshold of the doorway rotating and with

veel inspanning hielp ik haar naar binnen.
much effort helped I her to inside

Emma en ik bewogen voorzichtig door een kleine gang. Er
Emma and I moved carefully through a small hallway There

was een trap aan het einde van de gang, een klein kantoor
was a stairs at the end of the hallway a small office
were

meteen achter een zijdeur en toen we daar naar binnen
immediately behind a side door and when we there to inside
-

stapten respectievelijk reden, zagen we achter het kantoor een
stepped respectively rode saw we behind the office a

werkplaats met een auto onder een zeil en wat werkbanken.
workshop with a car under a canvas and some workbenches

De auto en al het gereedschap op de werkbanken leek ons
The car and all the tooling on the workbenches seemed us

niet echt relevant, dus we bleven in het kantoor. Daar
not really relevant so we remained in the office There

doorzochten we de lades. In één van de lades vond ik een
searched we the drawers In one of the drawers found I a

stapel foto's in een envelop.
pile of photos in an envelope

Eén foto toonde een jonge, vrolijk uitziende Hafsa in haar
One photo showed a young cheerful looking Hafsa in her

eindexamen jurk. Ik herinnerde me dat Hafsa drie jaar geleden
final exam dress I remembered me that Hafsa three year(s) ago

haar eindexamenfeest had. Er was ook een foto van Yasmina's
her graduation party had There was also a photo of Yasmina's

ex-echtgenote, mijn tante. Op beide foto's stonden kleine kruisjes
ex-wife my aunt On both photos stood small crosses

op hun voorhoofd, overduidelijk bedoeld als een bedreiging om
on their forehead obviously meant as a threat for

hen neer te schieten als Yasmina niet meewerkte aan de
them down to shoot if Yasmina not cooperated to the
to murder

juwelendiefstal.
jewelry theft

Emma en ik keken elkaar aan, het besef indalend. Dit
Emma and I looked each other at the realization descending This

was waarom Yasmina had bekend. Om Hafsa en haar ex te
was why Yasmina had confessed For Hafsa and her ex to

beschermen.
protect

"We hebben het bewijs," zei ik zachtjes, mijn handen trillend.
We have the evidence said I softly my hands trembling

"Ja, maar dit is erg, Imane," zei Emma, haar ogen groot van de
Yes but this is bad Imane said Emma her eyes large of the

ernst van de situatie. "We moeten dit aan de politie geven.
severity of the situation We must this to the police give

Yasmina's bekentenis was onder dwang."
Yasmina's confession was under coercion

Ik knikte, een mengeling van opluchting en angst voelend.
I nodded a mix of relief and fear sensing

Net op dat moment trilde mijn telefoon met een bericht van
Just at that moment shook my phone with a message of

Omar. "Abdul twee belde net, hij is Harry kwijtgeraakt. Hij
Omar Abdul two rang just now he is Harry lost He
has

ging niet naar de parkeerplaats op de snelweg, maar rechtstreeks
went not to the parking lot on the highway but directly

naar het centrum."
to the centre

"We moeten hier weg," zei ik tegen Emma, en op dat moment
We must here away said I to Emma and at that moment

hoorden we een stem vanuit de werkplaats.
heard we a voice from the workshop

Het was Harry Boomsma. Hij blokkeerde snel onze uitweg naar
It was Harry Boomsma He blocked quickly our way out to

de gang. "Wat doen jullie verdomme hier?" vroeg hij, zijn stem
the hallway What do you damn here asked he his voice
are you doing here, dammit!

vol woede.
full (of) anger

Hij zag de foto's op Emma's schoot. "Jullie moeten vrienden zijn
He saw the photos on Emma's lap You must friends be

van die stomme crimineel die ik heb neergeschoten," gromde hij.
of that stupid criminal who I have shot down growled he

Hij haalde een pistool tevoorschijn, richtte het op ons en beval
He fetched a pistol into view aimed it at us and ordered

ons de garage in te gaan, tussen de auto en de werkbank. Hij
us the garage in to go between the car and the workbench He

stapte achter ons aan de garage binnen, en sloot de deur van
stepped behind us on the garage inside and closed the door of

het kantoor achter zich.
the office behind himself

"Ik neem aan dat alleen je criminele vriendjes weten waar jullie
I take on that only your criminal boyfriends know where you
assume

zijn, aangezien jullie het waanzinnige idee hebben om mij in je
are on-seen you the insane idea have for me in your
since on

eentje op te zoeken," zei hij spottend. "Ik zal binnenkort wel
little one up to seek said he mocking I shall soon indeed
own

afrekenen met Sami's bendeleden. Zij gaan toch niet naar de
settle with Sami's gang members They go still not to the

politie, dus ik begin lekker rustig met jullie twee."
police so I (will) start nicely calm with you two

Terwijl hij dat zei, haalde hij een geluidsdemper uit een lade
While he that said fetched he a muffler from a drawer

van een werkbank en schroefde die op zijn pistool.
of a workbench and screwed that on his gun

Ik was bevroren van angst, maar Emma was gelukkig alert.
I was frozen of fear but Emma was fortunately alert

Plotseling ramde ze zichzelf met haar rolstoel in Harry's benen,
Suddenly rammed she herself with her wheelchair in Harry's legs

waardoor hij tegen een werkbank knalde en op de grond
where-through he against a workbench banged and on the ground
so that

viel, even buiten westen.
fell a bit outside west
out of consciousness

Terwijl hij weer bij leek te komen, schreeuwde Emma naar me
While he again to seemed to come screamed Emma at me

om te gaan. We bewogen ons eerst richting het kantoor,
for to go We moved us first (in the) direction (of) the office

maar toen ik de deur probeerde, bleek die op slot. Snel
but when I the door tried turned out that on lock Quickly
turned it out to be locked

gingen we in de richting van de andere uitgang van de garage.
went we in the direction of the other exit of the garage

Voor Emma was het manoeuvreren een beetje lastig, want
For Emma was the maneuvering a little bit bothersome because

er lag allerlei rommel op de grond. Op een gegeven moment
there lay all kinds of mess on the ground On a given moment

raakte haar rolstoel een wielstop en kieperde ze om, met een
hit her wheelchair a wheel stop and tipped she over with a

gil op haar zij vallend. "Imane, ren!", riep ze, maar
scream on her side falling Imane run shouted she but

in plaats daarvan begon ik haar rolstoel overeind te sjorren.
in place there-of began I her wheelchair upright to drag
instead of doing that

Terwijl ik opzij keek, zag ik Harry om de auto heen naar ons
While I aside looked saw I Harry around the car -to- to us
(omheen; around)

toe komen wankelen.
towards come stagger

"Imane, ga nu!" riep Emma, maar ik weigerde haar achter te
Imane go now called Emma but I refused her behind to

laten.
leave

Met alle kracht die ik had, trok ik haar overeind. "Ik laat je
With all strength that I had pulled I her up I leave you

niet achter," zei ik vastberaden.
not behind said I determined

Terwijl Harry dichterbij kwam zette hij de veiligheidspal van zijn
While Harry closer came set he the safety catch of his

pistool af, tenminste, ik ben geen wapenexpert maar heb genoeg
gun off at least I am no weapons expert but have enough

boeken gelezen en films gekeken om er vanuit te gaan dat
books read and movies seen for there from-out to go that
it to assume

dat was wat ie deed.
that was what he did

Dus greep ik de eerste de beste metalen wieldop die ik kon
Thus grabbed I the first the best metal hubcap that I could

vinden en hield die als een schild voor mij, hopend hem op
find and held that as a shield in front of me hoping him at

afstand te houden.
(a) distance to keep

Hij lachte schamper en hief zijn pistool op.
He laughed disdainfully and raised his gun up

"Kom maar op, klootzak!" riep ik uit, achteruit lopend en met
Come but on scumbag called I out backwards walking and with
Come on

mijn lichaam hopelijk Emma afschermend.
my body hopefully Emma shielding

“Pas op!” riep Emma en plotseling voelde ik iets onder
Guard on called Emma and suddenly felt I something under
Look out

mijn voet wegrollen. Een stang of wat het dan ook was,
my foot roll away A (metal) rod or what(ever) it then also was

het ene moment stond ik overeind en het volgende lag ik op
the one moment stood I upright and the next lay I on

de grond. Mijn wieldop schild rolde weg met een eindeloos
the ground My hubcap shield rolled away with an endlessly

lijkend geluid van metaal op beton.
seeming sound of metal on concrete

“Stelletje bemoeizuchtige kippen!” gromde Harry, en hij richtte
Bunch of meddling chickens growled Harry and he rose

zijn pistool op mijn hoofd.
his gun at my head

Maar net voor hij schoot rolde Emma langs me heen, met haar
But just before he fired rolled Emma by me -to- with her

bovenlichaam naar de zijkant hellend, en ik hoorde een gil.
upper body to the side inclining and I heard a scream

Ik richtte me op en keek opzij, Emma hing slap in haar
I straightened myself up and looked aside Emma hung weakly in her
sat up

stoel, haar hoofd op haar borst. Emma!" riep ik ontzet uit en ik
chair her head on her chest Emma cried I aghast out and I

greep haar huilend vast. Haar blonde krullen tegen mijn natte
grabbed her crying firm Her blond curls against my wet
took hold of her, crying

wangen.
cheeks

Harry leek een beetje beduusd maar zei toen, "Wat een
Harry seemed a little bit perplexed but said then What a

stomme teef, die wilde zeker graag de eerste zijn," en
stupid bitch that one wanted surely eagerly the first be and

richtte zijn pistool weer op mij.
aimed his gun again at me

Op dat moment klonk er een barstend gekraak van meerdere
At that moment sounded there a bursting cracking from multiple

kanten alsof het gebouw instortte.
sides as if the building caved in

"Politie! Leg dat wapen op de grond en handen omhoog!" Ik
Police Put that weapon on the ground and hands up I

hoorde de stem achter mij, maar voor me zag ik de deur
heard the voice behind me but in front of me saw I the door

van het kantoortje ook open splinteren.
of the little office also open splinter

Harry bevroor en ik voelde dat mijn hart bijna uit mijn borst
Harry froze and I felt that my heart almost from my chest

bonkte. Ik vergat zowat adem te halen. Zijn pistool was nog
thumped I forgot almost breath to fetch His gun was still

steeds op mijn hoofd gericht.
continually at my head aimed

“Nu! Wapen op de grond!” herhaalde de stem en met een boze
Now Weapon on the ground repeated the voice and with an evil

grijns naar mij deed Harry wat hem gezegd was.
grin at me did Harry what him said was

“Jou krijg ik ook nog wel hoor, daar heb ik m’n mannetjes
You get I also still well hear there have I my little men
you know

voor,” siste hij naar me.
for hissed he at me

“Bek dicht! Handen omhoog!” zei de politieman die nu in beeld
Jaws closed Hands up said the policeman who now in view
Shut up

verscheen, zijn dienstwapen vast in beide handen en strak op
appeared his service weapon firm in both hands and tight at
straight

Harry’s hoofd gericht.
Harry's head aimed
pointed

Van de kant van het kantoor jogden nu ook drie politiemannen
From the side of the office jogged now also three policemen

in kogelvrije vesten binnen, grepen de crimineel beet en duwden
in bulletproof vests inside seized the criminal firm and pushed

hem tegen het stoffige zeil van de auto. Ze fouilleerden hem
him against the dusty canvas of the car They stripsearched him

en deden hem handboeien om.
and did him handcuffs around
put on

Toen schoot me weer te binnen dat Emma... ik duwde de
Then shot me again to inside that Emma I pushed the

gedachte weg en hield haar stevig vast tot een rollend geluid
thought away and held her firmly gripped until a rolling sound
in my grip

en het zonlicht dat over me heen viel me vertelden dat de
and the sunlight that over me -to- fell me told that the

garagedeur was opengemaakt en een vriendelijke
garage door was opened and a friendly

ambulancemedewerker me van Emma losmaakte.
ambulance worker me from Emma loosened

“Wij nemen het hier wel van je over, ok?” zei de vrouw
We take it here well of you over ok said the woman

zachtjes en ik moest hulpeloos toe zien hoe ze het slappe
softly and I must helplessly at look how she the limp
watch

lichaam van Emma voorzichtig uit haar rolstoel tilden en op
body of Emma carefully from her wheelchair lifted and on

een brancard legden.
a stretcher laid

Ik keek ademloos toe hoe drie medische hulpverleners verwoed
I looked breathlessly at how three medical aid workers frantically
watched breathlessly

probeerden het bloeden te stelpen en ik kreunde van wanhoop
tried the bleeding to stop and I groaned of desperation

toen ik zag hoe hun handen onder het bloed zaten. Een
when I saw how their hands under the blood sat An
were covered with blood

ambulancemedewerker schudde haar hoofd en ik voelde de
ambulance worker shook her head and I felt the

tranen in mijn ogen springen. Ik begroef mijn gezicht in mijn
tears in my eyes jump I buried my face in my
come

handen.
hands

Op dat moment hielp een mannelijke verpleger me overeind, en
At that moment helped a male nurse me up and

keek met een bezorgd gezicht naar mijn met bloed bevlekte
looked with a worried face at my with blood stained

shirt. “Ik heb niks, da’s van Emma,” zei ik met een snik, en
shirt I have nothing that's from Emma said I with a sob and

veegde met mijn mouw over mijn betraande ogen.
wiped with my sleeve over my tearful eyes

De man sloeg een soort van deken over me heen en trok me
The man struck a kind of deken over me -to- and pulled me
enveloped me with some kind of blanket

zachtjes van Emma weg. Ik wilde roepen, “Nee, ik wil bij
softly from Emma away I wanted to call No I want with

haar blijven!” maar daar had ik de energie niet meer voor.
her remain but there had I the energy not (any)more for

Daarnaast hoorde ik op dat moment een gil die me maar al
There-next heard I at that moment a scream that me but all
In addition

te bekend voorkwam. Mijn moeder. Geflankeerd door een
too familiar occurred My mother Flanked by a
seemed

politieagent kwam ze naar me toe rennen en greep me
police officer came she to me towards run and grabbed me

vast. Eerst omhelsde ze me en daarna begon ze me
firmly First hugged she me and there-after began she me

uit te schelden.
out to curse
to scold

“Kamal zei dat jullie met een bende op stap waren! Zijn jullie
Kamal said that you with a gang on step were Are you
you guys out Have

nou helemaal gek geworden! Ik was doodsbang! Wat voor
now totally mad become I was terrified What for
kind of

vriendje is die Omar, ik wil dat je ‘m nooit meer ziet!”
little friend is that Omar I want that you him never more see
boyfriend anymore

Achter haar zag ik Omar zitten met een pijnlijke uitdrukking op
Behind her saw I Omar sit with a painful expression on

zijn gezicht en met zijn hand over zijn wang wrijvend.
his face and with his hand over his cheek rubbing

Zo te zien had mijn moeder hem het eerst begroet.
So to see had my mother him the first greeted
Apparently greeted first

Ik was te uitgeput om m'n moeder uit te leggen wat er echt
I was too exhausted for my mother out to lay what there really
to explain

aan de hand was, en eerlijk gezegd denk ik niet dat dat mijn
on the hand was and honestly said think I not that that my
going on

situatie zou verbeteren.
situation would improve

Twee agenten leidden Harry Boomsma langs ons en mijn moeder
Two officers led Harry Boomsma by us and my mother

keek naar hem alsof ze 'm ook tegen zijn hoofd wilde slaan,
looked at him as if she him also against his head wanted to strike

maar de agent die bij haar was, trok ons allebei aan de kant.
but the officer who with her was pulled us both to the side

"Kunt u misschien meekomen met uw dochter naar het
Can you maybe follow along with your daughter to the

politiebureau, mevrouw?"
police station madam

"Wat denk je zelf, idioot! Dat ik haar ooit nog alleen laat?"
What think you yourself idiot That I her ever still alone let
leave

riep mijn moeder, "Doe liever wat aan dat arme kind daar
called my mother Do rather something about that poor child there

op de grond, dat is toch Emma? Hoe kan je een gehandicapt
on the ground that is indeed Emma How can you a disabled

meisje in vredesnaam met een stelletje criminelen om laten
girl in peace's name with a bunch of criminals about let
goddess' name

gaan!"
go

Ik vroeg me af of dat laatste voor mij bedoeld was, maar de
I asked me off if that last for me meant was but the
wondered

agent keek haar een beetje meewarig aan en zei, "Kom
officer looked her a little bit pitying at and said Come

alstublieft mee nu," en leidde ons naar een geparkeerde
please along now and led us to a parked

politieauto. "Stap maar achter in, voorzichtig met uw hoofd,
police car Step but behind in carefully with your head
just

mevrouw."
madam

Daas zat ik op de achterbank naast een scheldende en
In shock sat I on the backseat next to a swearing and

huilende moeder, terwijl we met sirenes aan door de stad
crying mother while we with sirens on through the city

raasden. Wat ze met Omar gedaan hadden wist ik niet, en ik
rushed What they with Omar done had knew I not and I

kon alleen denken aan Emma.
could only think of Emma

Emma die daar zo lag op de grond, zonder haar rolstoel. Met
Emma who there so lay on the ground without her wheelchair With

haar mooie lange benen die niet wilden lopen. Ze had zich
her beautiful long legs that not wanted to walk She had herself

voor mij gegooid, waarom had ze dat gedaan? Als de politie
in front of me thrown why had she that done If the police

nou net even eerder was gekomen!
now just a bit earlier was come
had

Helemaal stil en haar borst bedekt met bloed. Ik bleef dat
Totally quiet and her chest covered with blood I kept that

bloed voor me zien maar ik wilde er niet aan denken dat
blood in front of me see but I wanted there not on think that

ze...
she

“Is ze dood?” vroeg ik aan de agent die achter het stuur zat.
Is she dead asked I to the officer who behind the wheel sat

De agent die voor me zat, een vrouw met slordige krullen
The officer who in front of me sat a woman with messy curls

die onder haar pet vandaan kwamen, draaide zich om en
which under her cap out of came turned herself around and

vroeg, “Je bedoelt dat meisje waar we je mee vonden?”
asked You mean that girl where we you with found
with whom we found you

“Emma!” zei ik met trillende stem en verborg mijn hoofd in
Emma said I with trembling voice and hid my head in

mijn moeder's nek.
my mother's neck

De agent zei iets wat ik niet verstond en even later
The officer said something what I not understood and a bit later
that

kraakte de radio.
creaked the radio

"Ze is op weg naar het ziekenhuis," zei de agent op kordate
She is on (her) way to the hospital said the officer on firm
to the point

toon, en voegde toen wat vriendelijker toe, "Ze hebben haar
tone and joined then what more friendly to They have her
then added a little more friendly

gestabiliseerd, het komt vast goed met je vriendin."
stabilized it comes probably good with your girlfriend
will be alright friend

Het Einde, of het Begin
The End, or the Beginning

Van het politiebureau herinner ik me alleen maar flarden. Mijn
From the police station remember I myself only just snippets My

vader kwam ook, met een geschokte uitdrukking op zijn gezicht.
father came also with a shocked expression on his face

In tegenstelling tot mijn moeder kon hij geen woord uitbrengen
In contrast to my mother could he not (a) word bring out

tegen mij of de politie. Ik zag Omar en zijn ouders, en ik
against me or the police I saw Omar and his parents and I

weet dat de politie mij een schijnbaar eindeloze reeks vragen
know that the police me a seemingly endless range (of) questions

stelde. Ik was gewoon blij dat ik Harry Boomsma niet meer
posed I was simply happy that I Harry Boomsma not (any)more

zag. Ik hoop dat ze hem ergens diep onder de grond in
saw I hope that they him somewhere deep under the ground in

een gevangenisbunker hebben gestopt.
a prison bunker have put

Uiteindelijk lieten ze ons gaan, en hoewel ik huilde, schreeuwde
In the end let they us go and although I cried screamed

en vloekte, weigerden mijn ouders me naar het ziekenhuis te
and cursed refused my parents me to the hospital to

laten gaan om Emma te zien. Ze brachten me rechtstreeks
let go for Emma to see They brought me directly

naar huis en stopten me in bed met wat kalmerende thee.
to house and put me in bed with some soothing tea
home

Pas na twee dagen mocht ik naar het ziekenhuis om Emma
Only after two days was allowed I to the hospital for Emma

te bezoeken, onder het waakzame oog van mijn moeder. Natuurlijk
to visit under the alert eye of my mother Of course

had ik al gehoord dat Emma in de ambulance was
had I already heard that Emma in the ambulance was

gereanimeerd, zoals de agent me had verteld, en een
resuscitated like the officer me had told and an

spoedoperatie in het Amsterdam Medisch Centrum had gehad
emergency surgery in the Amsterdam Medical Centre had had

die haar leven redde. Ze zeiden dat ze meer bloed had
which her life saved They said that she more blood had

kunnen verliezen, maar blijkbaar had iemand direct na het
been able to lose but apparently had someone directly after the

schot druk op haar wonden uitgeoefend. Ik kon niet stoppen
shot pressure on her wounds exercised I could not stop

met huilen toen ik het nieuws hoorde en mijn moeder had me
with crying when I the news heard and my mother had me

zelfs wat slaappillen in mijn drankje gegeven zonder dat ik het
even some sleeping pills in my drink given without that I it

wist.
knew

Op de dag van mijn bezoek liepen we snel langs de
On the day of my visit walked we quickly along the

wachtkamer, waar op dat moment Emma's ouders met haar
waiting room where at that moment Emma's parents with her

grootouders praatten, of tenminste, ik nam aan dat het haar
grandparents talked or at least I took on that it her
assumed

grootouders waren. De stralende glimlach en dankbare houding
grandparents were The radiant smile and grateful posture

van Emma's moeder tegenover mij waren volledig verdwenen; ze
of Emma's mother against me were fully disappeared she
had

keek me woedend aan toen ik voorbij liep. Blijkbaar
looked me furiously at when I past walked Apparently

beschuldigde ze me ervan Emma bijna dood te hebben laten
accused she me there-of Emma almost dead to have let

gaan, en eerlijk gezegd kon ik haar geen ongelijk geven.
go and honestly said could I her no wrong give
not say she was wrong

Toen ik Emma daar in bed zag liggen, als een ziek vogeltje,
When I Emma there in bed saw lie like a sick little bird

voelde ik mijn hart zinken. Maar zij had een brede glimlach op
felt I my heart sink But she had a wide smile on

haar gezicht.
her face

"Iem! Imane! Wat super dat je er bent!" zei ze, en haar
Iem (pron. eem) Imane What super that you there here are said she and her

gezicht vertrok even van de pijn.
face twisted a moment from the pain

"Emma, het spijt me zo," snikte ik. "Ik had nooit gedacht dat
Emma it regrets me so I'm so sorry sobbed I I had never thought that

dit zou gebeuren."
this would happen

"Stil maar, Iem," zei ze zacht. "Het is niet jouw schuld. Je
Quiet but Just be quiet Iem (Imane) said she softly gently It is not your fault You

hebt me gered, weet je nog?"
have me saved know you still

Ik knikte, de tranen stroomden over mijn wangen. "Maar ik had
I nodded the tears streamed flooded over my cheeks But I had

je nooit in gevaar moeten brengen."
you never in danger must bring

"We hadden samen besloten dit te doen," herinnerde ze me. "En
We had together decided this to do reminded she me And

kijk, ik leef nog! Dankzij jou. Als jij niet zo slim was geweest
look I live still am still alive Thanks to you If you not so smart was had been

om mijn wond dicht te drukken..."
for my wound close to press

Ik snapte nog steeds niet wat er gebeurd was maar mijn
I understood still continually not what there happened was had but my

slimheid was het zeker niet. Misschien mijn liefde dan, dacht ik,
cleverness was it surely not Maybe my love then thought I

en die belachelijke gedachte maakte dat ik een beetje moest
and that ridiculous thought made that I a little had to

glimlachen.
smile

Ik keek Emma in haar ogen, en kon niet meer helder
I looked Emma in her eyes and could not (any)more clear

denken.
think

Mijn moeder, die tot dan toe stil in de hoek van de kamer
My mother who until then -to- quietly in the corner of the room

had gezeten, stond op. "Ik ga even iets voor Emma halen
had sat stood up I go a moment something for Emma fetch

in de ziekenhuiswinkel," zei ze, waarschijnlijk beseffend dat we
in the hospital store said she probably realizing that we

even alleen moesten zijn. Die moeder van mij was stiekem
a moment alone must had to be That mother of mine was secretly

toch wel erg lief.
still indeed very dear sweet

Toen ze weg was, greep Emma mijn hand en keek me met
When she away was grabbed Emma my hand and looked me with

grote ogen aan. "Vertel me alles wat er gebeurd is nadat
large eyes at Tell me everything what there happened is after

ik... je weet wel."
I you know well
You know what I mean

Ik vertelde haar over de politie-inval, hoe ze Harry Boomsma
I told her about the police raid how they Harry Boomsma

arresteerden en over de ambulance en het ziekenhuis. Ze
arrested and about the ambulance and the hospital She

luisterde aandachtig, haar ogen af en toe knipperend van
listened attentively her eyes off and on blinking of

vermoeidheid.
fatigue

"Toen die kogel je raakte... Emma, ik dacht dat ik je kwijt
When that bullet you hit Emma I thought that I you lost

was," fluisterde ik.
was whispered I
had

"Maar hier ben ik, nog steeds bij jou," zei ze met een
But here am I still continually with you said she with a

zwakke glimlach. "En we hebben Boomsma gepakt, toch?"
weak smile And we have Boomsma caught right

Ik knikte. "Ja, die eikel hebben we goed te pakken genomen."
I nodded Yes that dickhead have we good to get taken
gotten good

We praatten nog even, over onbelangrijke dingen, over school,
We talked still a bit about unimportant things about school

over onze plannen voor de toekomst. Ondanks de pijn en het
about our plans for the future In spite of the pain and the

verdriet had ik een gevoel van hoop, een soort van vaag idee
sadness had I a feeling of hope a kind of vague idea

dat alles nu wel goed zou komen.
that everything now well good would come

Toen mijn moeder terugkwam met wat spulletjes uit de winkel,
When my mother came back with some little things from the store

wist ik dat het tijd was om te gaan. Ik beloofde Emma dat ik
knew I that it time was for to go I promised Emma that I

snel weer terug zou komen. Met een zwaar hart verliet ik de
quickly again back would come With a heavy heart left I the

kamer, wetende dat er nog veel onbeantwoorde vragen waren,
room knowing that there still much unanswered questions were

maar ook met het besef dat we samen een verschil hadden
but also with the realization that we together a difference had

gemaakt.
made

—

En een verschil hadden we echt gemaakt. Niet lang daarna
And a difference had we really made Not long there-after

werd Yasmina op vrije voeten gesteld en ons weerzien was een
became Yasmina on free feet set and our again-see was a
released from prison reunion

groot feest. Ze leek heel eventjes boos te zijn, net als mijn
great feast She seemed very shortly angry to be just like my

moeder, dat ik me in gevaar had gebracht, maar toen schudde
mother that I myself in danger had brought but then shook

ze alleen maar haar hoofd en omhelsde me.
she only just her head and hugged me

"Geen plek voor een eerzame vrouw, die gevangenis!" zei ze,
No place for an honorable woman that prison said she

"Neem dat maar van mij aan!"
Take that just from me on
Just believe me

Hafsa knuffelde me wel tien minuten voordat ze me eindelijk
Hafsa hugged me well ten minutes before she me finally

los liet. Voor de rest van het bezoek zat ze aan haar moeder
loose let For the rest of the visit sat she to her mother
let me go

vastgeklemd.
stuck-clamped
tightly embraced

Omar was gelijk uit het restaurant ontslagen door oom
Omar was immediately from the restaurant fired by uncle

Kamal, maar op mijn en m'n moeders aandringen weer in genade
Kamal but on mine and my mothers insisting again in mercy

aangenomen, "Als die jongen de politie er niet bij had gehaald!
taken on If that boy the police there not by had gotten
had involved

Eigenlijk de enige verstandige van jullie drie!", en hij werkt nu
Actually the only wise one of you three and he works now

door de week als beveiliger in opleiding. Samen met Abdul
during the week as security guard in training Together with Abdul

één en Abdul twee, wat ook best wel grappig is.
one and Abdul two which also rather indeed funny is

Ik had Emma nog een keer willen opzoeken en van mijn moeder
I had Emma still one time want look up and of my mother
by

had het vast gemogen, maar na twee weken mocht Emma
had it probably allowed but after two weeks was allowed Emma
was

al naar huis in een speciaal ziekenhuisbed, en daar ontving
already to house in a special hospital bed and there received
to go home

ze geen bezoek, liet haar moeder als antwoord op de vraag
she no visit let her mother as answer on the question

van mijn moeder weten. Alleen familie.
of my mother know Only family

Gelukkig had ze haar mobiel.
Fortunately had she her mobile
mobile phone

–

Pas na een maand liet mijn moeder me voor de eerste keer
Only after a month let my mother me for the first time

het huis verlaten zonder mee te gaan als persoonlijk beveiliger,
the house leave without along to go as personal security guard

en alleen omdat Katja en Merel, die eindelijk terug waren van
and only because Katja and Merel who finally back were from

zomervakantie, met me mee gingen en beloofden me in één
summer holiday with me along went and promised me in one

stuk weer terug te brengen.
piece again back to bring

"Maakt u zich geen zorgen, mevrouw El Amrani," verklaarde
Make you yourself no worries madam El Amrani declared

Katja met een stralende lach, "wij beschermen haar met ons
Katja with a radiant smile we protect her with our

leven! En we gaan alleen maar even samen shoppen en een
life And we go only just a moment together shop and a

kopje koffie drinken!"
little cup (of) coffee drink

Ik had hen en mijn moeder maar niet verteld over het
I had them and my mother but not told about the

dreigement van Boomsma dat ie me wel zou weten te
threat of Boomsma that he me indeed would know to

vinden. Hij zat vast en mijn logische brein vertelde me dat
find He sat stuck and my logical brain told me that
was in prison

niemand zo gek zou zijn voor hem te werken, nu alles
nobody so crazy would be for him to work now everything

was uitgekomen en zelfs z'n fortuin werd afgepakt. En ik was
was come out and even his fortune became seized And I was
had

ook geen getuige die uit de weg geruimd moest worden. Al
also no witness who out (of) the way cleaned must become All
killed

het bewijs en zelfs een deel van de buit was in zijn kantoor
the evidence and even a part of the loot was in his office

gevonden, mij had de politie niet meer nodig na dat
found me had the police not (any)more necessary after that

eerste gesprek op het bureau.
first conversation at the station

Onderweg wilden Katja en Merel natuurlijk alles weten van
On the way wanted Katja and Merel of course everything know of

de zaak.
the case

"Dus je hebt je voor je tante bijna laten doodschieten?"
So you have yourself for your aunt almost let dead-shoot
gotten shot

Vroeg Katja met ongeloof, "Da's pas familie liefde!"
Asked Katja with disbelief That's indeed family love

In de stad kwamen we natuurlijk ook Emma tegen, die met haar
In the city came we of course also Emma against who with her
met -

revalidatie begeleider 'toevallig' een wandelingetje ging maken.
rehabilitation supervisor coincidentally a little stroll went make

Onze ouders gingen gelukkig niet zover dat ze onze mobiele
Our parents went fortunately not so far that they our mobile

telefoons afluisterden.
phones bugged

Ik omhelsde haar voorzichtig, onder het strenge oog van haar
I hugged her carefully under the severe eye of her

begeleider, een vrouw die twee keer zo lang en breed leek
supervisor a woman who two times as tall and wide seemed

als de uitsmijter van De Roze Jungle.
as the bouncer of The Pink Jungle

"Hoe gaat het met je?" vroeg ik, een beetje bedeesd.
How goes it with you asked I a little bit bashful

"Super!" zei Emma, en knipoogde, "En nu helemaal!"
Super said Emma and winked And now totally

Katja en Merel stelden voor om een koffie te gaan drinken en
Katja and Merel set for for a coffee to go drink and
proposed

zo rolden we samen een café binnen. Even later zaten we aan
so rolled we together a café inside A bit later sat we at

een tafel bij het raam. Mijn twee vriendinnen begonnen jongens
a table by the window My two girlfriends started boys
friends

op het terras te beoordelen en Emma's begeleider zat een
on the terrace to review and Emma's supervisor sat a

tafeltje verderop met een verveeld gezicht een krant te
little table further with a bored face a newspaper to

lezen. Ik had Emma voor mijzelf alleen.
read I had Emma for myself alone

Toen we zo naast elkaar zaten voor het grote raam van
When we so next to each other sat in front of the large window of

het café, terwijl buiten een menigte van mensen langs ons heen
the café while outside a crowd of people along us forth

bewoog, naar wat voor bestemming dan ook, dachten we allebei
moved to what for destination then also thought we both
whatever possible

aan onze eigen bestemmingen.
to our own destinations

Ik voelde Emma’s hand de mijne grijpen en een tinteling van
I felt Emma's hand the mine grasp and a tingle of

warmte en geluk ging door mijn hele lichaam.
warmth and happiness went through my whole body

“We blijven elkaar toch nog zien?” vroeg ik, een beetje
We remain each other indeed still see asked I a little bit

benauwd. Tenslotte was de middelbare school voorbij, en ging ik
anxiously After all was the middle school past and went I
high

studeren.
study

“Tuurlijk!” zei Emma, “Ik ga hier na de zomer ook naar de
Sure said Emma I go here after the summer also to the

Universiteit, ben je dat al vergeten?”
University are you that already forgotten
have

Ik voelde me gelijk weer gerustgesteld. Ik kon me niet
I felt myself immediately again reassured I could myself not

voorstellen zonder Emma door te moeten.
imagine without Emma through to must
have to

“Dit was slechts het begin!” zei Emma op dramatische toon,
This was only the beginning said Emma on dramatical tone

alsof ze m’n gedachten kon raden. “Het Marokkaans-Nederlands
as if she my thoughts could guess The Moroccan-Dutch

Detective Bureau heeft haar eerste zaak opgelost," zei ze en
Detective Agency has her first case solved said she and

keek me aan met haar prachtige, door blonde krullen gevangen
looked me at with her wonderful by blond curls caught

lach.
smile

Ik keek snel even naar haar begeleider en kuste toen
I looked quickly for a moment at her supervisor and kissed then

Emma op haar mond. Alleen Katja had het gezien en gaf me
Emma on her mouth Only Katja had it seen and gave me

een knipoog.
a wink

—

Een ander los eindje kwam zichzelf oplossen. Mijn rijke oom
An other loose little end came itself solve My rich uncle

Ahmed kwam ook op visite en toen hij met mij alleen was kon
Ahmed came also on visit and when he with me alone was could

hij niet stoppen met excuses aanbieden.
he not stop with apologies offer

Hij gaf toe dat hij zijn geld niet van de bank had geleend,
He gave to that he his money not from the bank had borrowed
admitted

maar van zijn niet zo koosjere vriend Harry. Ahmed herhaalde
but from his not so kosher friend Harry Ahmed repeated
legitimate

wel honderd keer, “Als ik geweten had...” en hij beloofde dat
indeed (a) hundred times If I known had and he promised that

hij het geld dat hij had gekregen voor zijn bedrijf aan de
he the money which he had gotten for his company to the

politie op zou geven.
police up would give

Makkelijk gezegd natuurlijk, hij was nu stinkend rijk dus die
Easily said of course he was now stinking rich so that

vijftigduizend kon ie wel missen. Maar ik geloofde hem en was
fifty thousand could he fine miss But I believed him and was

blij dat ie gewoon mijn oom was en geen stiekeme misdadiger
happy that he simply my uncle was and no sneaky criminal

ofzo.
or so
or something

En zo was alles eigenlijk nu goed terecht gekomen. Zelfs
And so was everything actually now good to-right come Even
finished

Emma’s moeder liet ons weer samen uitgaan, waarschijnlijk
Emma's mother let us again together go out probably

beseffend dat ze haar achttienjarige dochter moeilijk iets
realizing that she her eighteen-year-old daughter hardly something

kon verbieden.
could prohibit

De laatste dag van de zomer zat ik met Emma in het
The last day of the summer sat I with Emma in the

Vondelpark. We lagen allebei op een picknickkleed, roze uiteraard
Vondelpark We laid both on a picnic blanket pink of course

want het was van Emma, een beetje naar de wolken te staren
because it was from Emma a little bit to the clouds to stare

en een beetje verliefd te knuffelen.
and a little bit in love to cuddle

Opeens zag ik aan de andere kant van het grasveld waar we
Suddenly saw I at the other side of the meadow where we

zaten een man in een leren jack, tegen een boom leunend. Het
sat a man in a leather jacket against a tree lean It

leek alsof ie onze kant uit keek, en er ging een rilling
seemed as if he our side out looked and there went a shudder
in our direction looked

over mijn rug toen ik dacht aan de woorden van Harry
over my back when I thought to the words of Harry

Boomsma: "Ik krijg jou ook nog wel te pakken, daar heb ik
Boomsma I get you also still indeed to get there have I
caught

mijn mannetjes voor."
my little men for

Maar vanuit het niets kwam er een jonge vrouw met een
But from the nothing came there a young woman with a
out of nowhere

rood jurkje aanhuppelen die hem in de armen sprong, en de
red dress hopping on who him in the arms jumped and the
skipping into view

dreiging was compleet verdwenen. Gelijk nam ik me voor
threat was completely disappeared Immediately took I myself for
decided I for myself

een cursus zelfverdediging te gaan nemen, dat kon geen kwaad
a course self-defense to go take that could not harm

en misschien hoefde ik me dan niet bij het zien van elke
and maybe needed I myself then not at the seeing of each

vaag uitziende vent onzeker te voelen.
vague looking guy uncertain to feel

Emma, die niets gezien had, greep op dat moment mijn hand
Emma who nothing seen had grabbed at that moment my hand

en trok me naar zich toe. Haar lippen op de mijne losten
and pulled me to herself -to- Her lips on the mine solved
dissolved

alles op. Meteen vergat ik mijn duistere gedachten en de
everything up Immediately forgot I my dark thoughts and the
-

wereld om mij heen met al haar problemen en al haar
world around me -to- with all her problems and all her

mysteries.
mysteries

www.ingramcontent.com/pod-product-compliance
Lightning Source LLC
LaVergne TN
LVHW020055090426
835513LV00029B/1592

* 9 7 8 1 9 8 9 6 4 3 6 8 6 *